日本の国家予算

260兆円の使いかた

三菱UFJリサーチ&コンサルティング
Mitsubishi UFJ Research and Consulting
編

河出新書
080

目次

一般会計／特別会計／政府関係機関／財政投融資／独立行政法人

第2部 一般会計 71

第3部 特別会計 143

第4部 政府関係機関

付記
予算書は桁数が非常に大きいため、本書ではキリの良い桁数や金額単位となるように四捨五入して表している。このため、合計と内訳の計は必ずしも一致しない。

巻頭言

片山泰輔

日本では、これまでにもなく政治不信が高まっている。こうした中、地震や台風等の自然災害、隣国からの安全保障上の脅威、必ずやってくる超高齢社会を支える社会保障、地方創生等、国家が担わなければならない役割は大きい。そして、そのために巨額の財政支出が不可避といえる。それではその財源はどうするのか。増税で国民に負担を求めるのか、それとも行政改革で効率化を進めれば財源を捻出できるのか。増税も予算カットも、まずは政治改革で政治家が身を正してから、という国民感情もあるが、政治改革の動向如何《いかん》にかかわらず、国家財政が日本の将来を考えるうえでの重要な基盤であることには変わりはない。

毎年、次年度予算の検討が始まると、「社会保障関係費」「文教及び科学振興費」「防衛関係費」「公共事業関係費」といった主要経費の予算額がメディアで盛んに報道されるようになる。ところが、実際に国の予算書をみてみると、こうした主要経費の予算をブレークダウンしてその詳細を知ることはできない。なぜなら、予算は省庁別に作成されており、各省庁の予算の中に計上されている各主要経費を再集計しなおしたものがメディアなどで発表される主要経費の予算額だからである。

また、マクロな抽象論としての国家財政の議論はできても、個々の具体的な政策の予算の内訳はブラックボックスになりがちである。コロナ禍に際して、中央政府によって様々な給付金等が支給されたが、税金で雇用された国家公務員がその業務を担っていたのではなく、民間企業が委託をうけてその執行を行っていたことが、不祥事の発覚で多くの人々の知るところとなった。各省庁に計上された様々な政策のための予算が具体的に何に対してどう使われるのか、という点は、予算書に書かれてはいるものの、その情報にたどりつくのは一筋縄ではいかない面がある。

このように国民にとって非常に重要なはずの国家予算がどのようになっているのかは、公表されてはいるものの、なかなかその全容を概観することも、個々の内容を把握することも容易とはいえない。

このような問題意識から、筆者らは１９９９（平成11）年に『図解　国家予算のしくみ』を東洋経済新報社から出版した。メディアなどで発表される主要経費別の予算と、実際の予算書に記載されている省庁別の予算の関係、さらに、一般会計以上の予算規模を持ち、保険料、授業料等、税金以外の収入も入ってくる特別会計との関係等について分かりやすく説明を行った。このユニークな解説書はおかげさまで各方面からご好評いただくことができた。ところが、その後の行財政改革の中で、省庁再編が行われるとともに、独立行政法人の制度が導入され、これまであった多くの特別会計が廃止されるといった変化が生じることになった。予算書の構造は基本的には当時と変わっておらず、電子データで情報が提供されるようになったので利用しやすくはなったものの、現在の行政組織に即した新しい解説書への要望が各方面から寄せられるようになってきた。

こうした中、河出書房新社から手軽な書籍である河出新書としての出版提案をいただき、1999年当時も執筆メンバーであった大野泰資氏をリーダーに三菱UFJリサーチ&コンサルティングの研究員の皆さんで執筆を行った。政府のあり方が問われている現代において、本書が国家財政の現状と課題を理解するための一助となれば幸いである。

第1部

総論

1　国家予算は国の戦略

(1)国家予算は国の戦略

毎年、クリスマス前になると、年末のバーゲンセールのニュースとともに、来年度の国家予算の政府案がテレビや新聞を賑《にぎ》わせる。2024(令和6)年度予算案をめぐっては、「総額112兆円」、「社会保障費用膨張で、初の37兆円」、「防衛費は過去最大」、「こども家庭庁の予算は1割増額」、「物価高騰対策として予備費1兆円」、「進む財政の硬直化」、「財源の3割以上が国債」等々の見出しが躍った。これらを見ているだけでも、この国が今、どのような課題を抱えているのか、そしてどのような方向に進もうとしているのか、おぼろげながら理解できるだろう。

予算とは、何らかの活動をする時に、どこからどれだけ資金を集め、どれくらいお金を使えるのか、あらかじめ計画することである。予算は、政府に限らず、家計、企業、学校、各種団体など、あらゆるところで作られている。

しかし国や地方自治体などの予算が家計や企業の予算と決定的に異なるのは、必要な資金を税によって集められる点にある。家計や企業の場合は、資金が必要であれば、働いて稼ぐか、持っている財産を売ってお金を調達するなどが必要である。借金をして資金調達する場合でも、将来返済する際には同じことが必要となる。これに対して国などの政府は、強制的に国民から税金を徴収して資金を集められる。国民のお金を強制的に徴収するのだから、無駄遣いをせず効率的に、国民の役に立つよう使わなければならない。国の予算の決定が、法律の制定と並んで国会の議決を必要とするのはこのためである。

国家予算を作成する際に重要なのは、国民にとって必要なサービス（政策）を、より少ないコストで提供することである。政府は国民や企業に対して様々なサービスを提供しているが、国民の全てのニーズを満たそうとすれば税負担が限りなく大きくなってしまうので、限られた財源の中で政策に優先順位をつけて、効率的に実行していくことが求められる。現代社会にとっての国家予算とは、このような方向を目指して作成される。

つまり国家予算とは、この国の課題に対応するため幾らのお金を注ぎ込むのかを示す、「国の戦略図」なのだ。ではこの戦略図はどのようにして決まるのだろうか。その前提となる政策はどのようにして作られるのだろうか。

(2)政策と予算編成

一般論として、政策は大きな目標から小さな目標までが樹形図のように並んだ体系として示される。

図表1－1は、スポーツ庁の2024年度予算の概算要求資料を基に作成した政策の樹形図である。「スポーツ立国の実現を目指したスポーツの振興」という大きな政策目標のもとに、それを実現するための柱ともいうべき施策として「地域スポーツ環境の総合的な整備充実」や「持続可能な競技力向上体制の確立等」「スポーツの成長産業化・スポーツによる地方創生」の3つが挙げられ、さらにそれぞれの施策のもとに、「地域スポーツクラブ活動体制整備事業等」や「中学校における部活動指導員の配置支援事業」といった事業が配置されている。このような政策の樹形図の項目に、それを実現するために必要となる資金を配分していったものが国の予算となっている。

政策体系（樹形図）の特徴は、より川下（右側）の事業・施策が、より川上（左側）の政策や施策の手段となっている点である。いわば、政策―手段の連鎖によって政策体系が作り上げられる、といえよう。また政策体系として、ある政策目標のもと、より川下に行けば行くほど、それを実現するために選択できるメニューは多様になる。

目標とする社会の実現に向けて、国の財政が豊かで余裕があれば、資金をいくらでも投入できる。しかし日本は対GDP比で先進国最大の財政赤字を抱えており、借金（公債）の返済も行わなければならず、各政策に配分できる予算には限りがある。

［**図表1-1**］政策の樹形図の例

スポーツ立国の実現を目指したスポーツの振興

- **地域スポーツ環境の総合的な整備充実**
  - (1)地域スポーツクラブ活動体制整備事業等
  - (2)中学校における部活動指導員の配置支援事業
  - (3)令和の日本型学校体育構築支援事業
  - (4)感動する大学スポーツ総合支援事業
  - (5)Sport in Life推進プロジェクト
  - (6)運動・スポーツ習慣化促進事業
  - (7)障害者スポーツ推進プロジェクト
  - (8)日本パラスポーツ協会補助（競技力向上関係を除く）
  - (9)体育・スポーツ施設整備（学校施設環境改善交付金等）
  - (10)誰もが気軽にスポーツに親しめる場づくり総合推進事業
- **持続可能な競技力向上体制の確立等**
  - (1)競技力向上事業
  - (2)競技団体の組織基盤強化支援事業
  - (3)ハイパフォーマンス・サポート事業
  - (4)先端技術を活用したHPSC基盤強化事業
  - (5)スポーツ国際展開基盤形成事業
  - (6)ドーピング防止活動推進事業
- **スポーツの成長産業化・スポーツによる地方創生**
  - (1)スポーツ産業の成長促進事業
  - (2)スポーツによる地域活性化・まちづくりコンテンツ創出等総合推進事業
  - (3)スポーツによる地域活性化・まちづくり担い手育成総合支援事業

スポーツ庁『令和6年度概算要求主要事項』より

このような財政状況では、従来にも増して「より少ない予算でより大きな効果」を発揮できる政策の選択が重要となる。また貴重な税金を使って実施した施策や事業が、他の手段と比べてより効果があったかどうかの検証も必要不可欠だろう。個々の施策・事業が、費用（予算）を上回るだけの効果を生み出しているかどうかはもちろんのこと、その政策がどのような目標を実現するために行われたものなのか、そしてその政策は目標達成にどれほど貢献したのかを明らかにすることが求められる。

コラム1　予算とEBPM

ＥＢＰＭという言葉が広く知られるようになってから数年が経《た》った。ＥＢＰＭとはEvidence-based Policy Making（根拠に基づく政策立案）の略称である。ＥＢＰＭの肝は、効果の見込まれる政策に積極的に取り組み、注力し、効果の見込めない政策は行わない、すでに行っているものについては縮小や中止をするという、政策のスクラップ＆ビルドを行うことである。

政府におけるＥＢＰＭの取組は、内閣官房の行政改革推進本部事務局や総務省行政評価局が中心となって進めているため、既存の政策評価の取組の一つとして見られることが多く、各省の会計課や財務省の存在感は薄くなっている。既存の政策評価は、各事業のＰＤＣＡサイクルを回すことを重視しており、全体の予算に照らしてその政策にどこまでお金をかけるべきかという観点は重視されていない。

しかし当然のことながら、国の財源には限りがあるため、どの項目に予算を割り振るか、つまり政策間に優先度付けをする必要が出てくる。したがって、予算を査定する立場にある、すなわち予算という資源配分に責任を持つべき各省の会計課や財務省、ひいては政治家（内閣・与野党の政治家）は本来ＥＢＰＭを推進する立場にある。

ところで「課題１にとても効果がある」政策Ａと「課題２に少しだけ効果がある」政策Ｂのどちらかしか実施できない場合、「絶対に政策Ａを優先して実施するべき」であるという考え方がＥＢＰＭだと誤解される場合もあるが、これは明確に誤りである。

「課題２の小幅の改善」の方が国民からより求められているのなら、政策Ｂを優先して実施しても良いのである。ＥＢＰＭの主張は「課題１の改善」が国民に強く求められている時に、「課題１の改善にとても効果がある」政策Ａと「課題１の改善に少しだけ効果があるかもしれない」政策Ｃとであれば、政策Ａを採用しましょうということなのだ。

つまり、政策として何を改善すべきかという価値判断があった上で、打ち手として何を採用すべきかを考える時にエビデンスを活用しましょうというのがＥＢＰＭの考え方である。Based（基づく）という言葉が強すぎるので、Ｅ－ＰＭ(Evidence-informed Policy Making［エビデンスを参照する政策立案］）という単語を好んで使う人もいる。ＥＢＰＭを推進すべき立場として先に「政治家」にも言及したのはこれが理由である。

一度始めたことはやめにくく、いざやめるとなると、続けることよりもエネルギーを使う。財源と人的リソースが限られる中では、スクラップ&ビルドよりもビルド&ビルドの方が短期的には楽な場合も多い。通常業務を円滑に回し、新規政策を作るので精一杯なところに、既存政策の現状把握とやめるための交通整理を行うことは不可能に近い。

しかし、どこかのタイミングでスクラップは必要となるものである。そのためにも、差し当たり「巨額の予算の投入を決定する前に」当該政策の効果を検証する小規模なパイロット事業に予算をつけて実施し、将来的にスクラップが必要となってしまう政策の芽を摘んでおくことが考えられる。また将来スクラップ作業を行うことを前提として余裕のある組織・人員体制へと転換しておくことも求められるだろう。

(3)政策の骨格を表す「主要経費」

国家予算が国の戦略図であるとすれば、国家予算を見れば、日本の進むべき方向性を捉えられるはずである。毎年、翌年度の予算編成が行われる夏から年末にかけて、関連するニュースが増えてくるが、報道で注目されるのは、一般会計である。「高齢化の進展により、年金や医療を中心に社会保障関係費が増大」とか「来年度の防衛費はGDP比1・6%、前年度から0・2ポイント増」などのように、予算の中身がどのような政策目的のために使われるかが議論される。

このような「社会保障関係費」や「防衛関係費」「公共事業関係費」「経済協力費」などといった分類を、予算の「主要経費別分類」という。主要経費別分類は、マスコミの報道をはじめとして、最も一般的に使われる予算の分類である。

手始めに、2024年度当初予算を主要経費別に見てみよう。まず一般会計総額112・6兆円のうち、借金の返済に相当する「国債費」が24・0%、地方公共団体へ移転される「地方交付税交付金」が14・8%を占めるため、これらを除いた国の政策に充てられる「一般歳出(国が支払うお金のこと)」は、予算総額の60%程度しかない、というところに、日本の財政の厳しさが表れている。一般歳出の中で最大なのは、「社会保障関係費」であり、一般会計予算全体の33・5%を占める。次いで、「防衛関係費」が7・0%、「公共事

[**図表1-2**]2024年度主要経費別予算

単位:10億円

主要経費	当初予算額
社会保障関係費	37,719
文教及び科学振興費	5,472
国債費	27,009
恩給関係費	77
地方交付税交付金	16,654
地方特例交付金	1,132
防衛関係費	7,917
公共事業関係費	6,083
経済協力費	504
中小企業対策費	169
エネルギー対策費	833
食料安定供給関係費	1,262
その他の事項経費	5,740
新型コロナウイルス感染症及び原油価格・物価高騰対策予備費	1,000
ウクライナ情勢経済緊急対応予備費	0
予備費	1,000
合計	112,572

財務省『財政統計』より

主要経費の当初予算額のシェアの推移

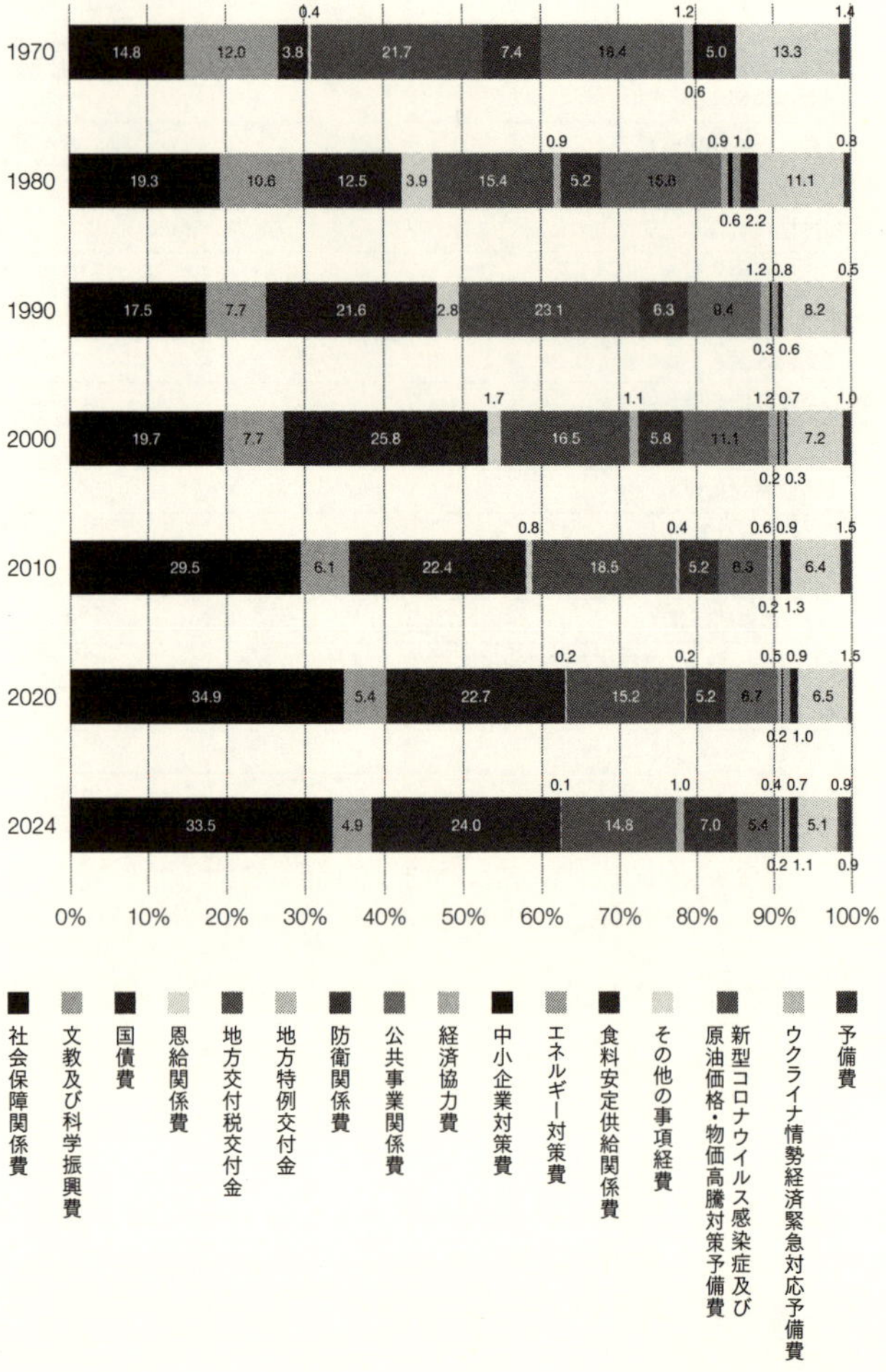

財務省『財政統計』より

[図表1-3]主要経費の当初予算額の推移

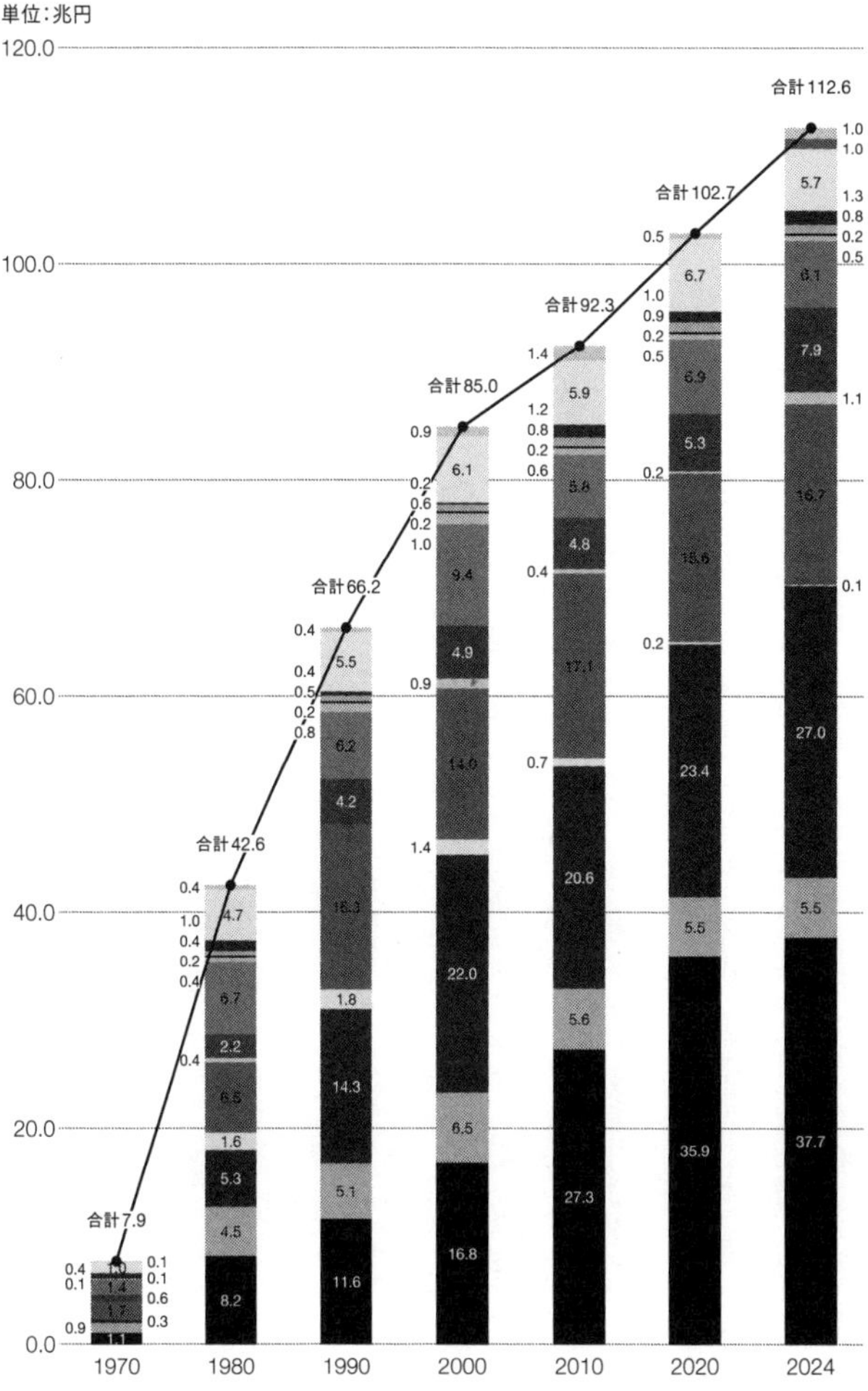

財務省『財政統計』より

業関係費」が５・４％の順となっている。

予算額の大小によって重要度が決まるわけではない。ただ大きな予算額が配分されている政策は、重要な政策分野であることは間違いない。

一般会計は、日本に限らず、国の予算の中で最も重要な中核となるものだが、国の予算は一般会計がすべてではない（詳細は、本書の「第3部　特別会計」で後述する）。

次に、一般会計当初予算に占める主要経費別の大きさや割合について、過去50年の推移を10年単位の時系列で見てみよう。

高度経済成長の真っただ中の１９７０（昭和45）年当時、一般会計の規模は７・９兆円に過ぎず、人口構成は若く、「社会保障関係費」は１・１兆円で一般会計に占める割合は14・３％程度にとどまっていた。また高速道路や新幹線の延伸、空港の整備が進められていたため、「公共事業関係費」は「社会保障関係費」を上回る１・４兆円で17・７％を占めていた。一方、国の借金の返済に当たる「国債費」はわずか０・３兆円で３・７％を占めるに過ぎない。

二度のオイルショックを経て安定成長期に移行した１９８０（昭和55）年には、「社会保障関係費」が「公共事業関係費」を上回るようになったが、それでもまだ８・２兆円で20％以下である。

バブル経済が終焉《しゅうえん》する直前の1990（平成2）年には、好調な税収に支えられ、赤字国債の発行からは脱却したが、不況時に発行した国債の償還が大きく、「国債費」は14・3兆円に達し、20％を超えるまでになっている。

バブル経済崩壊や金融危機への対応のための財政出動により、2000（平成12）年には「国債費」が初めて20兆円を超え一般会計中最大の25・8％の割合に達し、一段と財政の硬直化が目立つようになった。またこの頃（1990年代後半）から「公共事業関係費」は抑えられるようになっていった。「社会保障関係費」は高齢化により急増し始め、2010（平成22）年には27・3兆円で29・5％、2020年には35・9兆円で34・9％に達するまでになった。国債費も依然として20％を超える割合を占めている。

このように現在の日本では、予算編成上、「社会保障関係費」の膨張や「国債費」が他の政策の予算を圧迫している状況にある。たとえばこの間、「文教及び科学振興費」の割合が、緩やかではあるが一貫して低下し続けていることは、日本の科学技術立国としての屋台骨を揺るがしつつある。

コラム2　増え続ける国債に問題はないのか？

国債の発行残高は2024（令和6）年度末には1105兆円に達すると見込まれている。これは日本のGDPの約2倍となる値であり、対GDP比での債務残高は主要先進国の中で群を抜いて高い水準となっている。

ところが「政府は緊縮財政をやめて、積極財政へ転換せよ」といった意見や「今こそ減税すべきだ」といった意見が一部の政治家や評論家から聞かれることがある。このまま国債残高が増えてしまっても問題ないのだろうか。

この問いへの答えはシンプルに「問題あり」である。歳出に占める国債費の割合が増えるほど、他の予算を切り詰める必要が出てきて、予算編成の柔軟性がなくなり、必要な政策に使うお金がなくなってしまうためだ。足りなければ国債をまた発行して補てんすれば良いと思うかもしれないが、将来への負担の先送りであるだけでなく、債務残高が増加し続けることになる。国債は金融商品のため、買い手がいなければ金利をあげて取引される。すると、利払費がどんどん膨らむという負のスパイラルが始まる。究極的には政府が返済してくれるという信用がなくなった時点で国債の買い手がいなくなり、財政破綻に向かうのである。

　ではなぜ債務残高が積み上がっているにもかかわらず、国債発行が可能となっているかというと、日本銀行が国債を大量に買っており、金利の上昇を抑制しているからである。日銀は2024年6月末現在で588・5兆円弱、つまり発行されている半分以上の国債を保有しており、現在も毎月6兆円のペースで買い入れている。財政法第5条で日銀による国債の直接引受は禁止されており、金融市場から国債を買い入れているが事実上直接引受と変わらない状況が2013年の大規模金融緩和（ゼロ金利政策の導入）以降続いている。

　このウルトラC的な方法で、巨額の債務残高でも国債発行を続けていたのだが、いつまでもこの政策をとり続けることはできない。国債を日銀が買い入れると政府を通じて市中に円が大量に供給される。その結果、円の価値が下落しインフレが起きやすくなる。また通貨間で金利差が大きくなると、ドルに対して円の価値が低下し円安となる。急激なインフレや円安は通貨の安定性という観点から避けなければならず、[*1] 2024年夏に日銀が行った「利上げ」は、このウルトラC的

＊1……財政法の赤字国債の原則発行禁止はこのような事態にならないように健全財政主義を掲げたものである。

な方法から脱却を始めたものである。

「利上げ」は、日銀の買い入れ量が減るため国債発行による資金調達の難易度を上げ、さらには利払費の増加も意味する。このように日銀による金融政策の変更は財政の持続可能性に大きな影響を与えている。中央銀行は通貨の安定を使命としており、政府の財政政策によって中央銀行の手足を縛ることは望ましくない。この点でも財政の健全化に取り組み、債務残高の増加に歯止めをかけることは重要なのである。

（4）予算の策定プロセス

ここまでは、予算が政策の骨格を表し、それが「主要経費」として表れていることを見てきた。もし予算が主要経費ごとに作成されていれば非常に分かりやすいが、実際にはそうはなっていない。予算作成は、各省庁がそれぞれ自分の担当する部分ごとに原案を作成するところから始まる。

その際、「社会保障関係省」「文教及び科学振興省」「公共事業関係省」などのように、主要経費の分類別に省庁が設置されていれば分かりやすいが、そのようにもなっていない。主要経費別に省庁があるのではなく、「厚生労働省」「文部科学省」などの省庁がそれぞれの担当部分について「主要経費」を所管している。たとえば、主要経費の「公共事業関係費」では、土地改良事業や農業農村整備事業といった農業関連の公共事業であれば農林水産省が担当し、道路や港湾は国土交通省、廃棄物処理施設であれば環境省が担当するというように、それぞれの省庁が自分の担当事業を分担して所管している。また各省庁は、一つだけの主要経費を担当しているのではなく、複数の主要経費を所管し、執行している。

つまり私たちがテレビや新聞で目にする「主要経費」分類とは、各省庁別の予算から、同じ主要経費に分類される予算をかき集めて集計しなおした数値なのである。国会に提出されて成立する予算案を見ても、最初の方に主要経費別の合計額がまとめてあるが、それよりも細かい内容については、省庁別の予算の事項を見ないと分からない構造となっている。

では具体的な予算策定プロセスを見てみよう。

●予算成立までのプロセス（2024年度予算の場合）

2023年6月16日　内閣主体：「経済財政運営と改革の基本方針2023」（骨太の方針）閣議決定

2023年7月25日　内閣主体：財務省作成の「令和6年度予算の概算要求に当たっての基本的な方針について」（概算要求基準）を閣議了解

2023年8月31日まで　各省庁主体：各省庁が来年度予算の概算要求を財務省に提出

2023年9月から　財務省主体：各省庁からの概算要求を査定

2023年11月11・12日　内閣主体：秋の行政事業レビュー

2023年12月22日　内閣主体：財務省からの報告をもとに、予算の政府案を閣議決定

２０２４年1月26日　内閣主体：２０２４年度予算の政府案を通常国会に提出
２０２４年3月2日　国会主体：衆議院可決。参議院へ送付
２０２４年3月28日　国会主体：参議院可決。政府案どおり、予算成立

まず内閣総理大臣の諮問を受けた経済財政諮問会議が、毎年6月に「経済財政運営と改革の基本方針」（いわゆる「骨太の方針」）を答申し、閣議決定される。

これに基づき、財務省は、各省庁に示す予算ルールとして「〇〇年度予算の概算要求に当たっての基本的な方針について」（いわゆる「概算要求基準」）を策定する。「概算要求基準」が閣議了解されると、各省庁は、財務省に対して来年度の予算要求を8月末日までに行う（これを「概算要求」という）。それぞれの政策分野についての専門知識と政策の効果に関する知見、統計など、詳細な情報を持つ各省庁が、担当分野について予算要求を行うのだ。各省庁は、閣議決定された様々な計画や関連する法律の規定をもとに、来年度に行う政策の立案を行い、それに必要な経費を算出し、概算要求としてまとめる。

これらの概算要求は、秋口から財務省で査定され、各省庁が財務省と折衝を行うことになる。11月には秋の行政事業レビュー[*1]が開催され、ＥＢＰＭ（「コラム1　予算とＥＢＰＭ」参照）の手法も取り入れながら審議が行われ、その結果を予算編成過程に活用することが

求められている。そして、12月下旬には財務省が取りまとめた歳入（国の収入のこと）歳出（国の支出のこと）予算が、政府案として閣議決定される。予算を編成するのは内閣の役目だが、実際に予算の政府案を作成するのは財務省である。

その後、内閣は年明けの通常国会に予算政府案を提出し、審議が行われる。なお、国会に予算案を提出できるのは内閣だけである。

国会に提出された予算案は、まず衆議院予算委員会で審議され、衆議院本会議で採決が行われる。衆議院で可決されると、予算案は参議院に送られて同様の議決を受けて、予算が成立する。

なお新年度までに予算が決まらない場合は「暫定予算」という一時的な仮の予算を作成する。また大きな自然災害が起きたり、予期せぬ感染症が流行するなど、当初の予算だけで足りなくなった場合には、「補正予算」を組む場合もある。とりわけ2020（令和2）年度から2022（令和4）年度にかけ、政府は、新型コロナウイルス感染症に対してワクチン接種による感染拡大防止策、ウィズコロナ・ポストコロナに向けたデジタル化投資、家計や企業への直接的な給付金、公共投資などのために積極的に補正予算を組んだ。この3年間の補正予算は、128兆円の国債発行を伴って141兆円という前例のない規模となった。毎年度の一般会計の当初予算規模が110兆円程度なので、さらにその3割程度を補正予算で追加調達したことになる。[*2]

本来の予算編成は、当初予算の段階で必要経費を確保することが望ましい。補正予算は財政法第29条で緊要性がある場合という要件が課せられているにもかかわらず、政策的経費の追加が常態化している。財源は、税収の上振れ分や剰余金が活用される場合もあるが、主として国債発行に頼っているため、財政悪化の要因の一つになっている。

各省庁によって予算が執行された後は、その予算が当初目的に沿って使われたのか、効率的に使われたのか、期待された成果は得られたのかなどの観点から、会計検査院によって検査が行われる。そのため、会計検査院は、憲法によって内閣から独立した地位を与えられている。

＊１……各省庁が自ら実施する全事業をＰＤＣＡの視点から点検するもの。秋には、行政改革推進会議のもとで、見直しの余地のある事業を対象に、点検内容や事業の効果・効率性などについて、外部有識者が参加して公開検証が行われる。

＊２……同期間中、基金への予算投入も急増した。２０１９年度末の国の全基金の残高２・４兆円は、２０２２年度末には16・６兆円と約7倍も増加した。

（5）財務省の予算編成基準

前節で述べたとおり、財務省の予算編成方針は「概算要求基準」として各省庁に示される。概算要求基準とは、予算の無制限な膨張を防ぐため、財務省が提示する予算ルールとして、1961（昭和36）年度予算編成から導入された。シーリング（天井）方式とも呼ばれる。ただし、防衛力強化などは、必要な財源措置を予算編成過程で検討するものとして、例外扱いされる。現在は、「年金・医療等」「防衛力整備計画対象経費」「地方交付税交付金等」「義務的経費（人件費など）」「裁量的経費」などの項目別に上限が設定される。

2024年度予算の場合は、以下の方針が示されていた。

【2024年度予算の「概算要求基準」の概要】

○年金・医療等は、前年度当初予算に高齢化等に伴う自然増5200億円を加えた範囲内。

○防衛力整備計画対象経費については、防衛力整備計画を踏まえ、所要額を要求。

○地方交付税交付金等は「新経済・財政再生計画」との整合性に留意。

○義務的経費は前年度当初予算の範囲内。義務的経費を削減した場合は、同額を裁量的経費で要求できる。

○その他の経費（裁量的経費）は、前年度当初予算額の9割の範囲内。裁量的経費を1割削減すれば、削減額の3倍を「重要政策推進枠」として要求できる。
○物価高騰対策や、子ども子育て支援加速化プランの扱いは、予算編成過程で検討。

全体として、前年度当初予算を基準としつつも、やはり、防衛力強化については、例外扱いされていることが分かる（「第2部　一般会計　6　防衛関係費」も参照）。また義務的経費のうち予備費等や裁量的経費を削減すれば、その3倍分を「重要政策推進枠」に振り替えられることとなっていた。さらに、政権が重視する物価高対策や少子化対策については、必要に応じて機動的に対応する必要があることや、重要な政策の選択肢を狭めることがあってはならないという考え方から、要求基準はここでは示されず、予算編成の過程で検討されることになっていた。

このように、日本の予算要求は、最初に原案を作成する各省庁の段階で大枠が規定されるので、各省庁から財務省に提出される予算要求は、その枠内に落ち着いたものとなる。したがって、査定を行って予算政府案を策定する財務省主計局が、ある省庁の予算要求を大幅に削って他の省庁の予算に振り分けるといった、省庁間の調整をドラスティックに行わなくても済むような仕組みになっている。

（6）政策と予算は連動しているか

各省庁は、前節で述べたように、財務省から示された「概算要求基準」のもと、予算要求を行う。

ここでは、スポーツ庁を例にとってみよう。

２０１５年に誕生したスポーツ庁は、全ての国民のスポーツ機会の確保、健康長寿社会の実現、スポーツを通じた地域活性化、経済活性化を目標として掲げている。文部科学省から引き継いだスポーツ振興にとどまらず、厚生労働省や経済産業省など他省庁とも連携し、スポーツの普及と競技力強化等に力を入れてきた。

中高年者の体力が近年向上していること、プロサッカーのＪリーグやプロバスケットボールのＢリーグでの地域密着型スポーツチームの運営が行われていること、そしてオリンピックや各種スポーツのワールドカップ等で、世界で活躍できる日本人アスリートが誕生していることを目にすれば、スポーツ庁の政策の方向性は理解しやすいだろう。

２０２４年度の概算要求も、この趣旨に沿った要求となっている。左に示したのは、スポーツ庁が提出した２０２４年度概算要求資料である。官庁資料なので言葉は硬いが、スポーツ庁が「スポーツ立国」という大きな政策目標のもと、地域でのスポーツ振興や、スポーツ選手の競技力を向上させるための体制づくり、スポーツビジネスを通じた地域活性化等を実施するための事業と、その経費見積もりが列挙されている。前年度予算額との対比も示されており、スポーツ庁が前年度に比べてどの点に重点を置いているのかが分かりやすく作成されている。先に述べた政策体系と予算配分との関係を樹形図のように対応させることのできる資料となっている。

「スポーツ庁の2024年度概算要求資料」
スポーツ立国の実現を目指したスポーツの振興

【事業要旨】
東京オリンピック・パラリンピック競技大会のスポーツ・レガシーを継承するとともに、今後のスポーツ活動の推進に向けた3つの視点、①「つくる／はぐくむ」、②「あつまり、ともに、つながる」、③「誰もがアクセスできる」を踏まえ、国民に誇りと喜び、夢と感動を与えてくれるトップアスリートの育成・強化、地域スポーツ環境の総合的な整備、スポーツを通じた健康長寿社会・共生社会の実現、地域や経済の活性化、国際貢献などを推進し、誰もがスポーツに親しみ、スポーツの力で活力ある社会の構築を目指す。

1・地域スポーツ環境の総合的な整備充実
2・持続可能な競技力向上体制の確立等
3・スポーツの成長産業化・スポーツによる地方創生

スポーツ庁「令和6年度概算要求主要事項」（2023年8月）

一方で、概算要求書では分かりにくい点もある。図表1－4の欄外の注釈に記されているが、複数の施策に関わる事業は重複して計上されているため、これらの事業メニューを単純に足した合計額は、概算要求額の合計（429億円）とは一致しない。

(7)主要経費別予算では見えない施策・事業内容

前節で見たとおり、概算要求資料では、（一部に重複計上があるものの）政策体系と予算要求額の対応が比較的分かりやすく示されていた。

では実際に国会に提出される予算案は、予算書の中でどのような形式で提出されたのだろうか。それを見るために、予算書の構造について確認していこう。

先ほども触れたが、私たちがテレビや新聞の報道で目にする予算は、「社会保障関係

［**図表1-4**］スポーツ庁の2024年度概算要求の内訳

単位：百万円

政策	施策	事項（事業内容）	前年度予算額	2024年度概算要求額
スポーツ立国の実現を目指したスポーツの振興			35,900	42,879
	地域スポーツ環境の総合的な整備充実		9,402	12,970
		（1）地域スポーツクラブ活動体制整備事業等	1,295	2,791
		（2）中学校における部活動指導員の配置支援事業	1,176	1,456
		（3）令和の日本型学校体育構築支援事業	361	451
		（4）感動する大学スポーツ総合支援事業	148	179
		（5）Sport in Life推進プロジェクト	262	348
		（6）運動・スポーツ習慣化促進事業	286	324
		（7）障害者スポーツ推進プロジェクト	225	463
		（8）日本パラスポーツ協会補助（競技力向上関係を除く）	219	442
		（9）体育・スポーツ施設整備（学校施設環境改善交付金等）	3,600	4,700
		（10）誰もが気軽にスポーツに親しめる場づくり総合推進事業	58	94
	持続可能な競技力向上体制の確立等		14,937	17,447
		（1）競技力向上事業	10,050	10,300
		（2）競技団体の組織基盤強化支援事業	308	515
		（3）ハイパフォーマンス・サポート事業	1,164	2,800
		（4）先端技術を活用したHPSC（ハイパフォーマンススポーツセンター）基盤強化事業（旧事業名：スポーツ支援強靭化のための基盤整備事業）	339	440
		（5）スポーツ国際展開基盤形成事業	140	277
		（6）ドーピング防止活動推進事業	330	388
	スポーツの成長産業化・スポーツによる地方創生		843	985
		（1）スポーツ産業の成長促進事業	406	426
		（2）スポーツによる地域活性化・まちづくりコンテンツ創出等総合推進事業	191	270
		（3）スポーツによる地域活性化・まちづくり担い手育成総合支援事業	204	245

＊1 上記の他、日本スポーツ振興センター運営費交付金等を含む11,722百万円を計上。
＊2 事項は一部再掲のものがある且つ主要なもののみを計上しているため、合計と一致しない。

費」や「科学技術振興費」のように、主要経費別の形式となっているが、予算案は、このような主要経費別ではなく、各予算を所管する省庁別に作成されており、予算書も省庁別の章立てとなっている。

①予算書の構造：省庁別予算（所管─組織─項─事項）

各省庁内の予算は、まず「所管」省庁内の「組織」ごとに分類される。経済産業省「所管」なら、経済産業本省、産業保安監督官署、資源エネルギー庁、中小企業庁の4つの「組織」の予算に分類される。同様に、文部科学省「所管」であれば、文部科学本省、文部科学本省所轄機関（日本学士院など）、スポーツ庁、文化庁の4つの「組織」の予算に分類される。このような組織別予算は、さらに「項」という予算項目分類に分けられ、細分化されていく。

図表1-5でスポーツ庁を例にとると「スポーツ庁共通費」や「スポーツ振興費」「独立行政法人日本スポーツ振興センター運営費」などが「項」に当たる。

さらにこれらの「項」の下に「事項」と呼ばれる細かい予算項目が挙げられている。スポーツ庁の場合、「スポーツ庁一般行政に必要な経費」「共生社会及び多様な主体によるスポーツ参画の実現に必要な経費」「競技力の向上のための科学的研究の推進等に必要な経

[図表1-5] 予算書の例（スポーツ庁）

単位：百万円

項番号	項	事項番号	主要経費	事項	2024年度要求額	前年度予算額	比較増減額
101	スポーツ庁共通費	95	その他の事項経費	スポーツ庁一般行政に必要な経費	1,261	1,237	25
101	スポーツ庁共通費	95	その他の事項経費	審議会に必要な経費	8	12	▲4
102	初等中等教育振興費	15	教育振興助成費	確かな学力の育成に必要な経費	19	24	▲5
103	私立学校振興費	15	教育振興助成費	私立学校の振興に必要な経費	80	80	0
104	スポーツ振興費	15	教育振興助成費	共生社会及び多様な主体によるスポーツ参画の実現に必要な経費	5,669	7,283	▲1,614
104	スポーツ振興費	13	科学技術振興費	競技力の向上のための科学的研究の推進等に必要な経費	2,141	3,436	▲1,295
104	スポーツ振興費	15	教育振興助成費	競技力向上体制の構築に必要な経費	2,884	3,059	▲174
104	スポーツ振興費	15	教育振興助成費	スポーツを支える基盤の強化に必要な経費	140	223	▲83
104	スポーツ振興費	15	教育振興助成費	スポーツを通じた社会課題解決の推進に必要な経費	716	722	▲6
107	独立行政法人日本スポーツ振興センター運営費	15	教育振興助成費	独立行政法人日本スポーツ振興センター運営費交付金に必要な経費	19,939	19,932	6
108	独立行政法人日本スポーツ振興センター施設整備費	15	教育振興助成費	独立行政法人日本スポーツ振興センター施設整備に必要な経費	0	610	▲610
108	独立行政法人日本スポーツ振興センター施設整備費	13	科学技術振興費	独立行政法人日本スポーツ振興センター研究施設整備に必要な経費	0	930	▲930

費」などが「事項」として挙げられている。そして、この「事項」ひとつひとつに、図表1-6に示すコード番号が付けられている。「スポーツ庁一般行政に必要な経費」であれば、「その他の事項経費」の95というコードが付けられ、「共生社会及び多様な主体によるスポーツ参画の実現に必要な経費」には、「教育振興助成費」のコード番号15、「競技力の向上のための科学的研究の推進等に必要な経費」には、「科学技術振興費」のコード番号13が付けられる。

つまり本書で先に見た主要経費別予算というのは、省庁ごとに作成される予算書の中で最も細かい分類である「事項」のそれぞれに付けられた主要経費別のコードを再集計して作成されるものなのだ。

②概算要求と予算書との関係

それでは、前節で見た概算要求と本節で見た予算書の対応関係はどのようになっているのであろうか。

たとえば図表1-4のスポーツ庁の概算要求の中で「地域スポーツ環境の総合的な整備充実」の「(7) 障害者スポーツ推進プロジェクト」や「(10) 誰もが気軽にスポーツに親しめる場づくり総合推進事業」は、おそらくは図表1-5の予算書の中では、項番号10

[**図表1-6**]主要経費別分類コード表

コード	主要経費	コード	主要経費
1	社会保障関係費	40	公共事業関係費
2	年金給付費	41	治山治水対策事業費
3	医療給付費	42	道路整備事業費
4	介護給付費	43	港湾空港鉄道等整備事業費
5	少子化対策費	44	住宅都市環境整備事業費
6	生活扶助等社会福祉費	45	公園水道廃棄物処理等施設整備費
7	保健衛生対策費	46	農林水産基盤整備事業費
8	雇用労災対策費	47	社会資本総合整備事業費
10	文教及び科学振興費	48	推進費等
11	義務教育費国庫負担金	49	災害復旧等事業費
13	科学技術振興費	50	経済協力費
14	文教施設費	60	中小企業対策費
15	教育振興助成費	63	エネルギー対策費
16	育英事業費	65	食料安定供給関係費
20	国債費	95	その他の事項経費
25	恩給関係費	94	原油価格・物価高騰対策及び賃上げ促進環境整備対応予備費
31	地方交付税交付金	93	ウクライナ情勢経済緊急対応予備費
32	地方特例交付金	97	復興加速化・福島再生予備費
33	地方譲与税譲与金	98	予備費
35	防衛関係費		

4「スポーツ振興費」のうちの事項番号15「教育振興助成費」という主要経費の中で「共生社会及び多様な主体によるスポーツ参画の実現に必要な経費」であることは想像がつく。

では図表1－4のスポーツ庁の概算要求の中で「持続可能な競技力向上体制の確立等」の中にある「(3)ハイパフォーマンス・サポート事業」や「(4)先端技術を活用したHPSC（ハイパフォーマンススポーツセンター）基盤強化事業」は、図表1－5の予算書の中では、どこに位置づけられるのであろうか。先端技術を使うのだから、項番号104「スポーツ振興費」のうちの事項番号13「科学技術振興費」という主要経費の中で「競技力の向上のための科学的研究の推進等に必要な経費」に含まれるのであろうか。事項番号15「教育振興助成費」という主要経費の中での「競技力向上体制の構築に必要な経費」にも関わるのであろうか。

このように、予算書の中でスポーツ庁の予算案を見ると、前節で見た概算要求資料で示されている政策の体系図との関係が、ほとんど読み取れないことに気付く。概算要求資料では、大きな政策目標から、それを実現するための3つの施策、個別の事業内容までを樹形図的に捉えられるが、最終的に作成される予算書では、こうした政策の流れ（樹形図）が、必ずしも読み取れない形となっている。これは、他の省庁でも同様である。省庁ごとに作成される予算書の中で最も細かい分類である主要経費分類と、その事項を見ても、各

コラム3　予算書だけでは分からない重要政策
――イノベーション促進政策を例に

天然資源に恵まれない日本が経済の活力を再び取り戻すためには、新しいアイデアを持ったスタートアップ企業の登場を促し、既存企業のイノベーション活動を政策的に支援し、経済成長につなげることが欠かせない。

では、イノベーション促進政策には、どのようなものがあるだろうか。研究開発活動や技術を事業化・商業化するために必要な活動に対する補助金、企業の継続的な研究開発活動を支える研究開発税制、技術革新の成果としての知的財産を特許として守る制度などが思い浮かぶだろう。

たとえば中小企業庁では、自動車やロボット等のものづくりの分野で、中小企業が大学や公設試験機関等と連携して行う研究開発を「成長型中小企業等研究開発支援事業（Go-Tech事業）」として補助金を交付して支援している。これは主要経費の「中小企業対策費」の中で計上されていることが予算書上で説明されている。

一方、内閣府を司令塔とし、研究開発の初期段階から実用化・事業化に至るまでを各省庁連携で一貫支援する中小企業イノベーション創出推進事業（SBIR：Small/Startup Business Innovation Research）という制度がある。しかし、予算書を見てもこの事業名は出てこない。各省庁の主要経費の「科学技術振興費」に計上されているのか、「その他の事項経費」に計上されているのか、それ以外の費目として計上されているのか、読み取ることができない。

これだけでも十分に分かりにくいが、さらに分かりにくいのが税制である。上に挙げた研究開発税制は、企業の研究開発費の一定割合額を法人税から差し引くことができるため、企業にとってはありがたい減税措置である。しかし、歳入を確実に減少させても歳出を伴わないため、（当然といえば当然なのだが）予算書上には表れてこない。このため研究開発税制を含め、政策減税は、時に「隠れた補助金」と呼ばれることもある。

これらの政策を把握するためには、各省庁の政策概要の資料や、各制度を所管する省庁の各事業特設サイトを読み解く必要がある。予算書だけでは政策の全体像がつかめない所以《ゆえん》である。

省庁の施策・事業内容は見えない。これが日本の国家予算書の大きな特徴であり課題となっている。

(8)省庁別・主要経費別マトリクス

以上で見てきたとおり、私たちがテレビや新聞で目にする「主要経費」分類と、実際の予算書上の分類は異なっている。財務省のホームページで公開されている、千ページ以上もの予算書を開いて公共事業関係費の詳細を見ようと思っても、公共事業関係費は農林水産省、国土交通省、環境省など、複数の省庁の予算に散らばっているので、一覧するのはとても困難である。

そこで本書では、主要経費別分類とそれを所管する省庁との関係を表形式でまとめてみた(図表1－7)。

右下の数字は2024年度の一般会計総額112・572兆円を表している。大きな数字を拾うと、社会保障関係費約37・7兆円のうち9割に当たる33・5兆円は厚生労働省で計上されている。この社会保障関係費は7つの費目に細分化でき、年金給付費と医療給付費で社会保障関係費の4分の3以上を占める。次に大きいのが国債費であるが、これは全額約27・0兆円が財務省に計上されている。3番目に大きな地方交付税交付金は約

単位:10億円

総務省	法務省	外務省	財務省	文部科学省	厚生労働省	農林水産省	経済産業省	国土交通省	環境省	防衛省	総計
			78		33,505			0			37,719
			78		13,324						13,402
					12,223						12,237
					3,719						3,719
					107						3,382
			0		3,644						4,491
					444						444
					44			0			44
72			1	4,951	65	95	119	30	30		5,472
				1,563							1,563
72			1	895	65	95	119	30	30		1,409
				69							73
				2,307							2,309
				118							118
			27,009								27,009
71				1	6			0.0007			77
16,654											16,654
1,132											1,132
										7,917	7,917
						523	2	5,361	45		6,083
						62		888			955
								1,635			1,671
								387			404
								723			730
							2	140	45		197
						441		149			608
								1,360			1,377
								20			62
						20		58	0		78
		379	83	28	8		5				504
			60		1		108				169
		6		145			512		160		833
						1,262					1,262
											0
			1,000								1,000
281	740	341	1,046	213	235	214	123	706	85		5,740
			1,000								1,000
18,211	740	726	30,278	5,338	33,819	2,093	870	6,096	321	7,917	112,572

[**図表1-7**]省庁別・主要経費別マトリクス(2024年度)

	皇室費	国会	裁判所	会計検査院	内閣	内閣府	デジタル庁
01_社会保障関係費						4,136	
02_年金給付費							
03_医療給付費						14	
04_介護給付費							
05_少子化対策費						3,275	
06_生活扶助等社会福祉費						847	
07_保健衛生対策費						1	
08_雇用労災対策費							
10_文教及び科学振興費		1			3	104	
11_義務教育費国庫負担金							
13_科学技術振興費		1			3	98	
14_文教施設費						4	
15_教育振興助成費						2	
16_育英事業費							
20_国債費							
25_恩給関係費							
31_地方交付税交付金							
32_地方特例交付金							
35_防衛関係費							
40_公共事業関係費						151	
41_治山治水対策事業費						5	
42_道路整備事業費						36	
43_港湾空港鉄道等整備事業費						16	
44_住宅都市環境整備事業費						7	
45_公園水道廃棄物処理等施設整備費						9	
46_農林水産基盤整備事業費						18	
47_社会資本総合整備事業費						17	
48_推進費等						42	
49_災害復旧等事業費						0	
50_経済協力費						0	
60_中小企業対策費							
63_エネルギー対策費						10	
65_食料安定供給関係費							
93_ウクライナ情勢経済緊急対応予備費							
94_新型コロナウイルス感染症及び原油価格・物価高騰対策予備費							
95_その他の事項経費	10	129	331	16	109	665	496
98_予備費							
総計	10	130	331	16	111	5,067	496

※各省庁所管の組織については、所管省庁毎に集約した。

16・7兆円全額が総務省に計上されている。4番目の防衛関係費7・9兆円も全額防衛省で計上され、5番目が国土交通省所管分の公共事業関係費の約5・4兆円である。

この表を主要経費別にみると各費目は、だいたい1~3ぐらいの特定の省庁に集中して計上されていることが分かる。一方で例外もあり、科学技術振興費はかなり多くの省庁にまたがって計上されている。またその他の事項経費は、防衛省を除くすべての省庁で計上されており、その合計額は5・7兆円に達し、一般会計の中で6番目の大きさとなっている。

2 一般会計の中身

(1)使途別分類

これまでに、予算は「事項」に細分類され、それぞれの事項に金額が見積もられていることを見てきた。事項には、この予算がどのような目的のために使われるのか、が記されている。

［図表1-8］予算の使い道（使途別分類）

コード	使途別分類
1	人件費
2	旅費
3	物件費
4	施設費
5	補助費・委託費
6	他会計へ繰入
9	その他

では政府は、予算をどのように使って政策を実施しているのであろうか。予算書では、予算の使い道が、大きく7項目に分類されている。これらの使い道には1〜6と9というコードが振られている。

省庁が自ら予算を使って施策を実施する場合、まず公務員という労働力が必要になる。これに相当する使途が「人件費」である。次に、施策を全国展開するためには「旅費」が必要になるかもしれない。また政策を執行するためには、机やパソコンなどの「物件費」が必要になるだけではなく、それを提供するための「施設費」も必要となるであろう。さらに公務員が働くだけでは賄いきれない場合や、もっと効率的に政策や事業を執行してくれる事業者が要る場合は、彼らに「補助費・委託費」を与えて実施してもらうことが考えられる。このように、政府の活動とは「人件費」「旅費」「物件費」「施設費」「補助費・委託費」を支出して、政策目的を達成するための公共サービスを提供していると捉えられる。なお予算の使い道の中で、他の使い道と少し性質が異なるのが「他会計へ繰入」である。これについては後述する。

[図表1-9]事項別予算と科目別予算が対応しない予算書

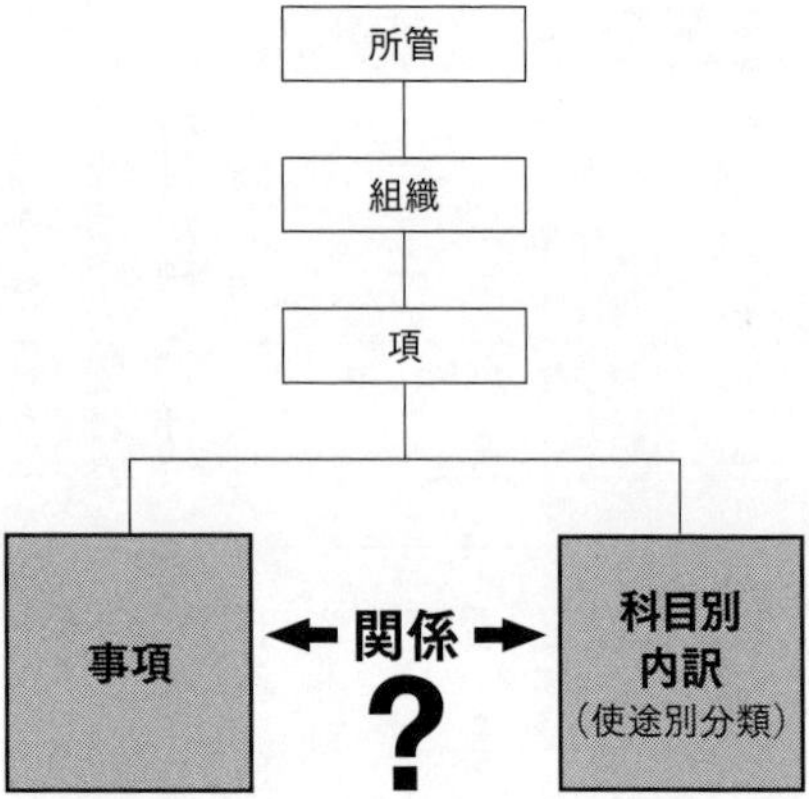

（2）事項別・使途別の予算が分からない

各省庁別の予算では、所管―組織―項―事項という分類の他に、項ごとに、「科目別内訳」という整理が行われており、この科目それぞれを見れば、使い道が何であるかを特定できる。つまり予算書に表されている最も細かい予算分類が「科目別内訳」ということになる。

一方、先ほど、省庁別予算は、所管―組織―項―事項に分類され、「事項」は、この予算がどのような目的のために使われるのかが記されていると述べた。

それでは、こうした主要経費の事項別分類と使い道との関係はどのようになっているのだろうか。事項別に使い道が分かれば、ある政策が、どのような目的のもとで、何に使われているか、を把握できるはずだ。しかし残念ながら、予算書では、事項別に科目別内訳（使い道）を把握できない。

「科目別内訳」では、それぞれの項目に、5桁―4桁―2桁というコードが振られている。

13073-2125-14　スポーツ医・科学研究支援等委託費
13：主要経費コード（科学技術振興費）
5：使途別分類コード（補助費・委託費）

上に掲げた例で見ると、1行目の「スポーツ医・科学研究支援等委託費」には、13073-2125-14というコードが付けられている。これらのコードにはすべて意味があり、これまでに説明してきたものでいえば、最初の5桁のうちの上2桁部分（ここでは、「13」）は主要経費コードの「科学技術振興費」を表している。つまり、「科目別内訳」を見ても主要経費別の分類は分かる形にはなっている。

次に真ん中の4桁の末尾の数字（ここでは「5」）は、使途別分類コードとなっている。これは「補助費・委託費」を表している。

（3）他会計への繰入――予算額の50％以上は特別会計へ

各省庁は、自分が担当する予算を使い、政策や公共サービスを提供するが、一般会計で計上された予算を必ずしもそのまま使っているわけではない。計上された予算は、特別会計という別の財布（会計）に繰入れられる場合がある。2024年度予算の場合、一般会計に計上されている予算額112・572兆円のうちの約55％に相当する61・78兆円が、特別会計に繰入れられている。特に国債費や地方交付税交付金のように、

[**図表1-10**] 一般会計から特別会計への繰入(2024年度)

単位:10億円

	主要経費	一般会計合計	他会計へ繰入	比率
1	社会保障関係費	37,719	15,771	41.8%
2	年金給付費	13,402	12,907	96.3%
3	医療給付費	12,237	0	0.0%
4	介護給付費	3,719	0	0.0%
5	少子化対策費	3,382	2,695	79.7%
6	生活扶助等社会福祉費	4,491	144	3.2%
7	保健衛生対策費	444	0	0.0%
8	雇用労災対策費	44	25	57.7%
10	文教及び科学振興費	5,472	0	0.0%
11	義務教育費国庫負担金	1,563	0	0.0%
13	科学技術振興費	1,409	0	0.0%
14	文教施設費	73	0	0.0%
15	教育振興助成費	2,309	0	0.0%
16	育英事業費	118	0	0.0%
20	国債費	27,009	27,008	100.0%
25	恩給関係費	77	0	0.0%
31	地方交付税交付金	16,654	16,654	100.0%
32	地方特例交付金	1,132	1,132	100.0%
33	地方譲与税譲与金	0	0	-
35	防衛関係費	7,917	0	0.0%
40	公共事業関係費	6,083	32	0.5%
41	治山治水対策事業費	955	0	0.0%
42	道路整備事業費	1,671	0	0.0%
43	港湾空港鉄道等整備事業費	404	29	7.3%
44	住宅都市環境整備事業費	730	0	0.0%
45	公園水道廃棄物処理等施設整備費	197	0	0.0%
46	農林水産基盤整備事業費	608	3	0.5%
47	社会資本総合整備事業費	1,377	0	0.0%
48	推進費等	62	0	0.0%
49	災害復旧等事業費	78	0	0.0%
50	経済協力費	504	0	0.0%
60	中小企業対策費	169	0	0.0%
63	エネルギー対策費	833	790	94.8%
65	食料安定供給関係費	1,262	305	24.1%
95	その他の事項経費	5,740	87	1.5%
94	原油価格・物価高騰対策及び賃上げ促進環境整備対応予備費	1,000	0	0.0%
93	ウクライナ情勢経済緊急対応予備費	0	0	-
97	復興加速化・福島再生予備費	0	0	-
98	予備費	1,000	0	0.0%
	合計	112,572	61,780	54.9%

[**図表1-11**]2024年度の一般会計の歳入と歳出

単位:10億円

歳入		歳出	
区分	予算額	主要経費	予算額
租税印紙税収入	69,608	社会保障関係費	37,719
官業益金及官業収入	55	文教及び科学振興費	5,472
政府資産整理収入	229	国債費	27,009
雑収入	7,230	恩給関係費	77
公債金	35,449	地方交付税交付金	16,654
前年度剰余金受入	0	地方特例交付金	1,132
		地方譲与税譲与金	0
		防衛関係費	7,917
		公共事業関係費	6,083
		経済協力費	504
		中小企業対策費	169
		エネルギー対策費	833
		食料安定供給関係費	1,262
		その他の事項経費	5,740
		原油価格・物価高騰対策及び賃上げ促進環境整備対応予備費	1,000
		予備費	1,000
歳入合計	112,572	歳出合計	112,572

ほぼ全額が繰入れられているケースもある。このように、一般会計の中には、予算を割り当てられた省庁が予算を執行するのではなく、別の会計や機関に移転するだけの「素通りの予算」も存在する。

そこで次章以降では、一般会計だけでなく、特別会計や政府関係機関なども含めた国の財政の構造を俯瞰《ふかん》してみたい。

3 国の予算を支える複雑な財政構造

(1) 一般会計

これまで、本書で国の予算として捉えてきたものは、実は「一般会計」であった。一般会計は国の中核をなすものであり、私たちが納める税金（所得税や法人税、消費税など）や、公債を財源として、政策目的に応じて歳出が執行されるものである（第2部参照）。

［**図表1-12**］特別会計の全体像

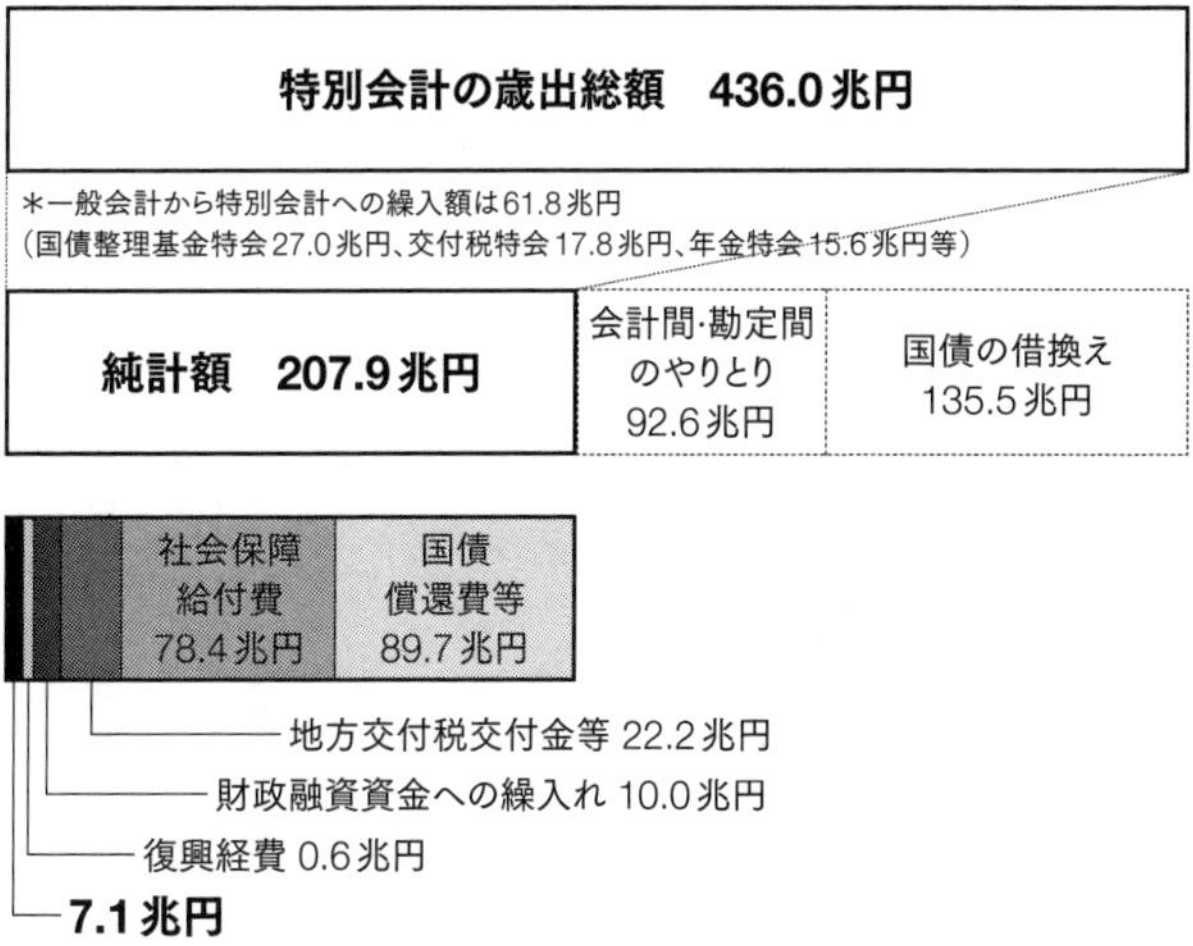

財務省「特別会計について」より
https://www.mof.go.jp/policy/budget/budger_workflow/budget/fy2024/seifuan2024/37.pdf

（2）特別会計

特別会計とは、公的年金の給付や地方交付税交付金の交付などの特定の事業を行ったり、外国為替の変動に対しての介入などの資金運営を目的として、一般会計とは別に分けて経理する会計のこと（第3部参照）。ちょうど家庭において、普段の生活費とは別に旅行のための積立や支出を管理していたり、将来大きな支出となる子どもの学費などを生活費とは別に毎年少しずつ積み立てて管理していたりするのと同じことを国の予算でも行っている、と考えれば分かりやすい。

特別会計が設けられる理由は、一

般財源とは異なり、租税以外の財源（保険料や利用料など）が加わっている点にある。また その上で、特定の関係者のみ（労働保険のみ、年金のみ、交付税のみ、など）で歳入歳出が完結している。これにより当該事業の資金の出し入れを分かりやすくしようとしている。

もちろん国全体の予算は、できる限り一般会計のみで経理することが好ましい（予算単一の原則）とされる。そのため特別会計が多くなり過ぎると、国全体の予算の全体像が見えにくくなるからだ。そのため特別会計の設置は、「特別会計に関する法律（特別会計法）」により制限されている。特別会計は2000（平成12）年度時点では38個あったが、その後、整理・統廃合が進み、2024年度時点では、経過的なものも含めて13個となっている。[*3] なお、一つ一つの特別会計は、実施する事業の内容によって、複数の「勘定」に分けられている場合もある。

私たちがテレビや新聞の報道で見る「国の予算」では、一般会計が紹介されることが多いが、歳出規模でいえば、特別会計は一般会計の約4倍となる436兆円もの巨大な金額になる（2024年度）。ただしこの中には、国債の借り換えや、会計間・勘定間のやりとりが含まれているので、純計額で見ると約208兆円となる。さらに、このうちの約200兆円は、国債の償還費や利払費、医療や年金などの社会保障給付費、地方交付税交付金等や、財政投融資への繰入れ（財投債）なので、財務省では、特別会計を通して実施している事業規模は、7兆円程度である、と説明している。

先ほど少し触れたが、一般会計と区別して特別会計を設置する理由のひとつとして、特別会計の歳入には、税以外の様々な収入があることが挙げられる。

特別会計の特徴は、歳出目的ごとの会計だけではない。会計ごとに異なるが、歳入には、一般会計からの繰入れ、特定目的の税金、料金収入や保険料収入が含まれる場合があるし、借入金や公債発行を行っている場合もある。

会計を区分して経理する必要性については合意できても、一般会計から特別会計への繰入れや両会計での重複計上が、国家予算を分かりにくくしている理由の一つであることは間違いない。繰入れ額を抑制するよう、かつて会計検査院が指摘したこともある。

なお予算制度が異なるため単純な比較はできないが、米英独仏などの諸外国でも、日本の特別会計と類似し、基本的な会計と区分して経理される会計が存在する。

(3)政府関係機関

政府は、政策目的を達成するための手段として、一般会計や特別会計の他に、政府関係

＊3……ちなみに、特別会計が最も多かったのは1906（明治39）年度の60個である。

［**図表1-13**］政府関係機関一覧

単位：10億円

機関名	設立年	設立目的	2024年度支出予定額
沖縄振興開発金融公庫	1972	沖縄における経済の振興及び社会の開発に資する資金供給	11.1
株式会社日本政策金融公庫	2008	国民生活の向上に寄与するための資金供給	1,180.9
株式会社国際協力銀行	2012	日本及び国際経済社会の健全な発展に寄与するための資金供給	1,686.6
独立行政法人国際協力機構有償資金協力部門	2008	開発途上地域の政府等に対する有償の資金供与による協力の実施等	182.1

機関と呼ばれる機関を設立している。政府関係機関は、特別法によって設立された全額政府出資法人であり、予算・決算について、国会の議決を必要としている。

かつては10機関以上存在したが、行政改革推進法（2006年施行）により、段階的に数を減らし、2008（平成20）年10月以降は4機関のみとなっている。[*4]

政府関係機関は、省庁からは独立しており、企業経営的な運営が行えるようになっているが、市場メカニズムが機能しにくい政策目的の達成が使命となっているので、一般会計や特別会計からの補給金の受入れなどによって運営が支えられている（詳細は、「第4部　政府関係機関」を参照）。

(4)財政投融資

財政投融資とは、税財源によらず、財投債(国債の一種)や政府の信用のもとで集められた資金を使って、政策的必要性は高いが民間では対応しにくい事業に対して融資・投資・政府保証の3つの手法を用いて、資金供給(後に回収)を行う投融資活動である。

かつては一般会計を上回る予算規模を持ち、様々な政策目的のために運用され、「第二の予算」と呼ばれていた時期もあったが、2001(平成13)年度の財政投融資改革以降、政策的必要性が高く、確実性のある事業に守備範囲を限定した上で、資金融資を行っている。

大別すると、①財投債発行によって調達した財政融資資金を、特別会計や地方公共団体、政府関係機関、独立行政法人などに対し、長期・固定・低利で行われる融資(財政融資)、②NTT株、JT株の配当金などを原資として、リターンは期待できるものの、リスクが高く民間だけでは十分に資金供給されない事業に対する投資(主として出資)に分けられ

＊4……混同されがちだが、株式会社商工組合中央金庫(商工中金)は、特別法に基づく特殊会社であり、「政策金融機関」ではあるが、予算・決算については国会の議決を必要としないので、政府関係機関ではない。

る。

中小企業の資金繰り支援やインフラの海外展開支援などに用いられている（詳細は、「第3部　特別会計　5　財政投融資特別会計」を参照）。

（5）独立行政法人

独立行政法人は、国から独立し、公的な事務や事業を実施する法人。中央省庁等改革基本法（1998年6月施行）に基づき、国の組織再編の一環として設立された。2001（平成13）年以降、主として国の機関から分離されたり、特殊法人から新たに置き換えられたりして誕生した。

法人の定義としては、公共の利益実現のために必要な事務・事業であって、国が自ら主体となって実施する必要性が低いもののうち、①民間に委ねた場合には必ずしも実施されないおそれがあるものを行わせる法人、②一つの主体に独占して行わせることが必要であり、それを効果的かつ効率的に行わせるために設立される法人となっている。

中期目標管理法人（JICAや国立病院機構など）、国立研究開発法人（JAXAやNEDO、国立がん研究センター、産業技術総合研究所など）および行政執行法人（国立公文書館や国立印刷局など）の3つの類型がある。独立行政法人は、2024年4月1日時点で、87機関存在する。

なお国立大学法人も、大学の自主性・自律性を反映した広義の意味で独立行政法人ではあるが、予算について国会の議決を受ける必要はない。ただし自主財源のほか、所管省庁から運営交付金などの補助金を受けており、その所管省庁の予算は国会の議決を受けている。国立大学法人制度は、独立行政法人制度の枠組みを利用しながらも独自の制度となっているため、通常、独立行政法人とは区別して取り扱われている。

国民は、税を納めたり、公債を購入したりすることによって政府活動に必要な資金を提供している。政府は、一般会計や特別会計、財政投融資、政府関係機関などを通じて公共サービスの提供や政策を遂行している。国が補助金を交付して、地方公共団体が行政サービスを実施している場合も少なくない。[*5] 図表1－14は、これらの関係を模式的に表したも

＊5……地方公共団体の自主的な施策に対して、国が経費の一部を補助する場合もある。またどこに住んでいても、同等の行政サービスを受けられるよう、地方に財源を保障するための地方交付税もある。地方自治法では、国は本来国が果たすべき役割（外交や国防など）を重点的に担い、住民に身近なサービスはできるだけ地方が行うことが望ましい、とされている。

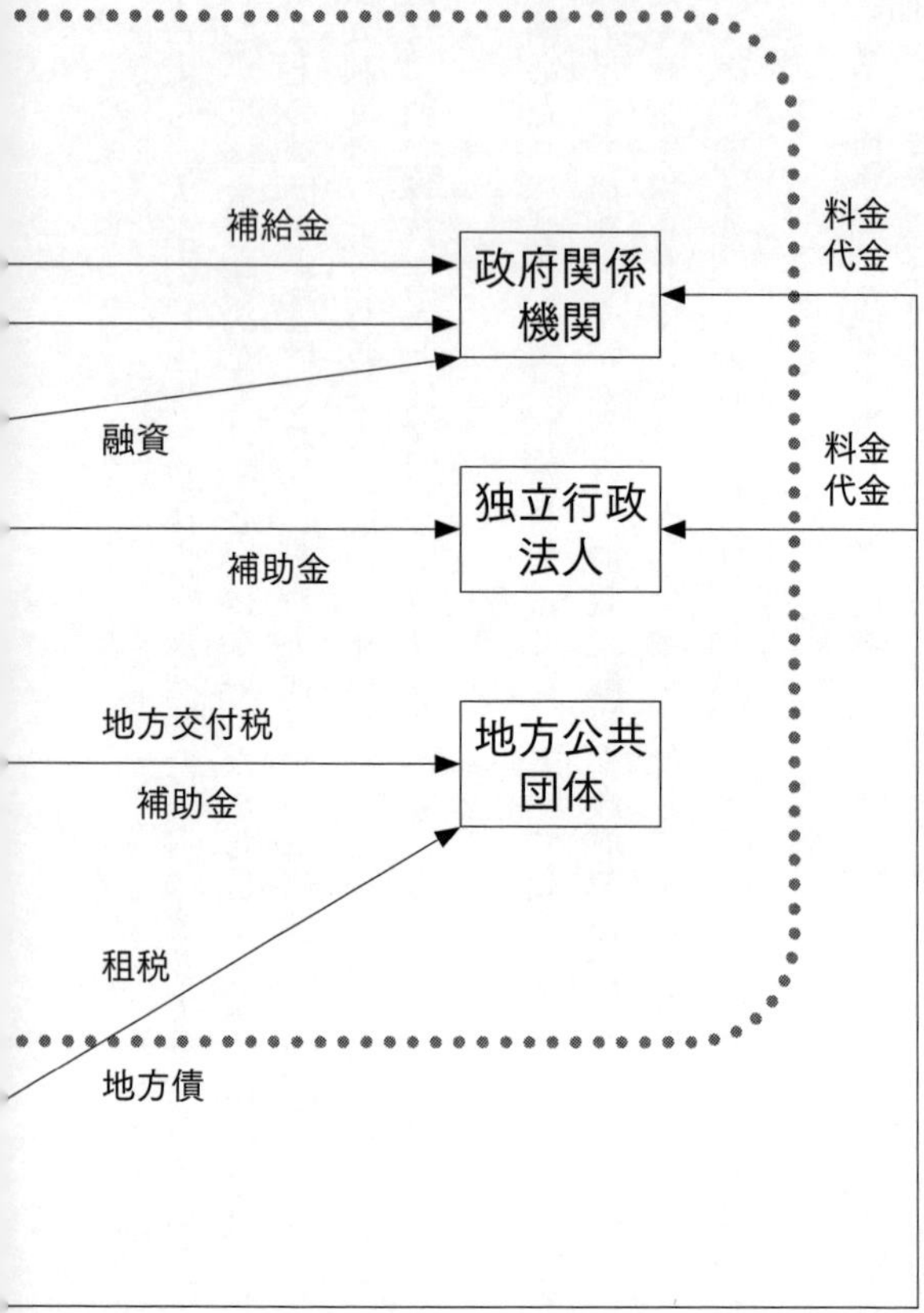
補給金
政府関係機関
融資
料金代金
独立行政法人
補助金
料金代金
地方交付税
地方公共団体
補助金
租税
地方債

［**図表1-14**］財政の仕組み

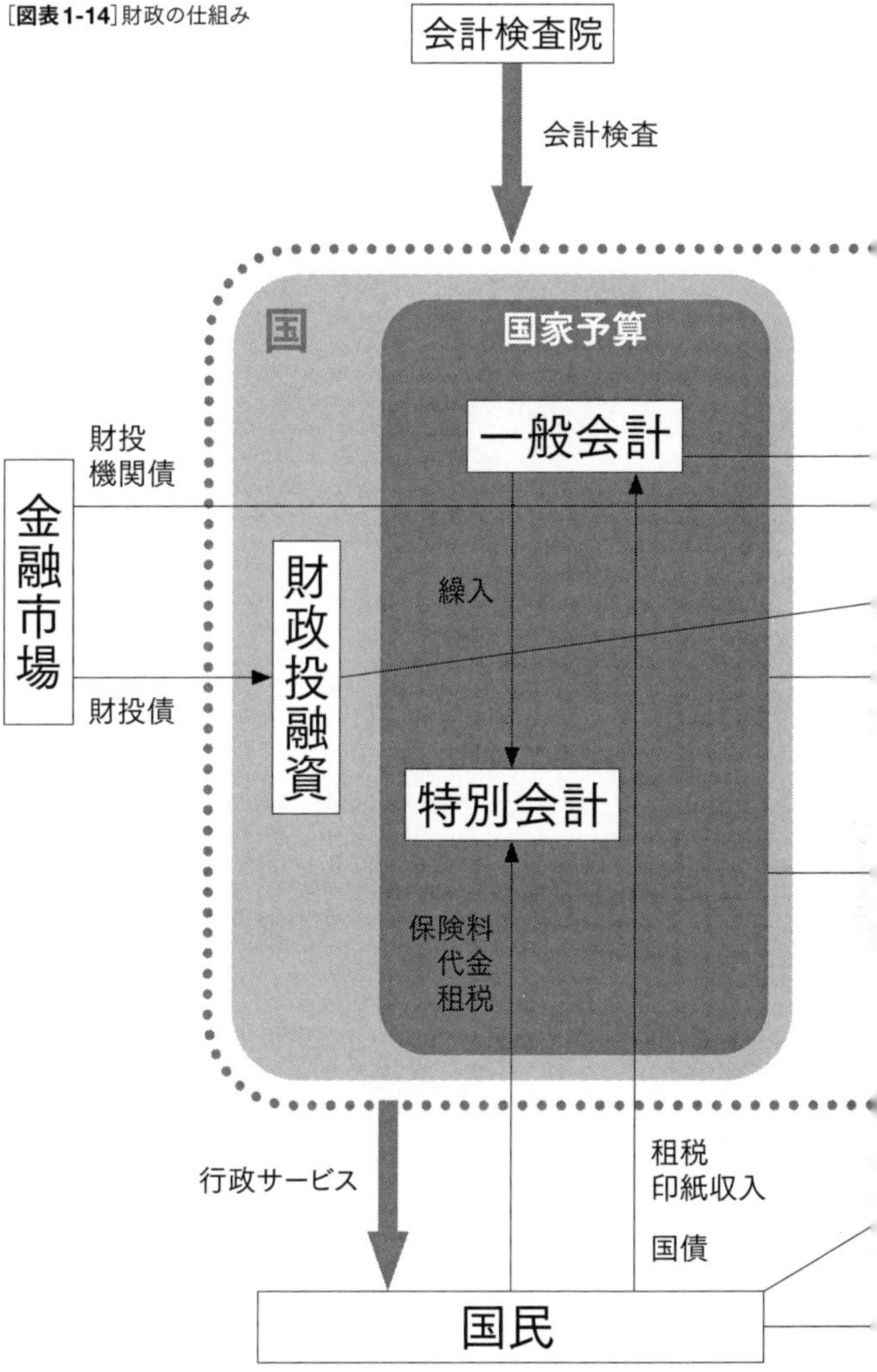

［図表1-15］国の当初予算の純計額（2024年度）

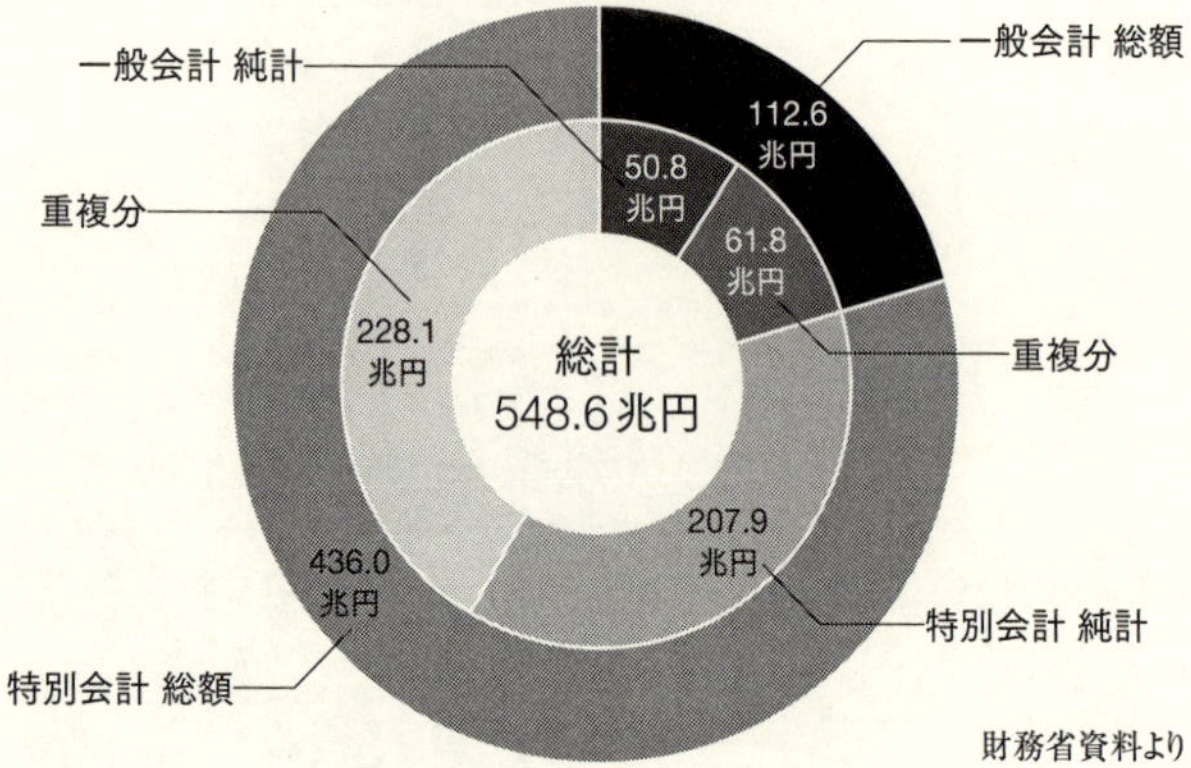

財務省資料より

のである。

さて、国の会計には一般会計と特別会計があるが、先に見たとおり、一般会計から特別会計へ財源が繰入れられている。また、特別会計の中でも、会計間や勘定間でのやりとりがある。このため、国全体の予算規模を把握するためには、一般会計の総額と特別会計の総額を足し合わせた額から重複計上額や、国債の借換額を差し引いた純計額で見る必要がある。2024年度の場合、一般会計と全特別会計の歳出総額（548・6兆円）から、会計相互間の重複計上額及び国債の借換額を除いた純計ベースで見た国の予算規模は、258・7兆円（一般会計50・8兆円、特別会計207・9兆円）となる。

ここまで述べてきたように、国家予算の分かりにくさは、一般会計から特別会計への繰入れが行われていることや会計間で重複計上があること、主要経費別ではなく省庁別に予算書が作成されていることにある。本書の第2部以降では、膨大な予算書について、お金の出し入れの構造や、何に使われているのかを理解できることを目指して記述していく。

第2部

一般会計

一般会計は、国の予算の中核をなしている。テレビや新聞の報道では、一般会計を社会保障関係費、防衛関係費などの「主要経費別分類」で紹介している。しかし総論で紹介したとおり、国の予算書は、省庁別に編纂《へんさん》され、各省庁が複数の主要経費を計上している。

そこで第2部では一般会計を主要経費別分類に従って解説しつつ、各主要経費がどの省庁で使われているのか、また各主要経費の使い道は、人件費なのか、補助・委託費なのか、あるいは特別会計への繰入れなのかなどを読み解いていきたい。

1 社会保障関係費——安心して生活するためのお金

(1)社会保障関係費とは?

国民が安心して生活していくために必要な年金、医療、介護、子ども・子育てなどの公的サービスにかかる支出であり、一般会計歳出の約3分の1を占める最大の支出項目である。

(2)社会保障関係費の推移

２０２４（令和６）年度の一般会計歳出の当初予算では、「社会保障関係費」は過去最大の37・７兆円であり、一般会計歳出予算全体の約33・５％を占めている。

社会保障関係費は、１９８０（昭和55）年度から２０２３（令和５）年度に至るまで、２０１２（平成24）年度と２０２１（令和３）年度を除き、毎年度増加しており、２０１４（平成26）年度に30兆円を超えている。また一般会計予算全体に占める割合は、１９９０（平成２）年度は17・５％であったが、２０２４年度には約２倍となっている。

日本では高齢化が進んでおり、２０２５年以降、「団塊の世代」の全員が後期高齢者である75歳以上を迎える一方、「生産年齢人口」の急速な減少が予想される。75歳以上になると、１人当たりの医療や介護の費用は急増するため、社会保障関係費は今後も増加していく。今後の社会保障については、税負担、社会保険料負担、窓口負担、積立金の運用益収入という財源だけでなく、サービス水準をどの程度にすべきかという給付面も含めた国民的な議論が必要である。

(3)社会保障関係費にかかる長期計画

・社会保障と税の一体改革（２０１４年度～２０１９〔平成31〕年度）

少子高齢化や財源の不足といった状況に対応するため、消費税率が2014年に5%から8%に、2019年に8%から10%に引き上げられた。国民全員にかかわる社会保障費用をあらゆる世代が公平に分かち合い、安定した財源を確保する観点から、消費税率の引き上げによる増収分を全て社会保障の財源に充てるとしている。増収分は、2015年から実施されている子ども・子育て支援制度に充てられるほか、医療・介護・年金の充実も計画された。

・全世代型社会保障検討会議
2019年9月に内閣改造を行った安倍晋三元総理大臣は、「人生100年時代を見据え、70歳までの就業機会の確保、年金受給年齢の選択肢の拡大、さらには医療、介護など、社会保障全般にわたる改革を進める」ため、「全世代型社会保障検討会議」の設置を表明した。また「子供たちからお年寄りまで、全ての世代が安心できる令和の時代の新しい社会保障制度の在り方を大胆に構想」することも言及された。

・新経済・財政再生計画（2022〜2024年度）
全世代型社会保障の構築に向けて、「男女が希望どおり働ける社会づくり・子育て支援」

の取組などについて、「生産年齢人口が今後減少する中で、高齢者人口がピークに達する２０４０年頃を視野に入れ、短期的、および中長期的な課題を全世代型社会保障会議にて整理し、政府全体として取組を進める」ことが示された。

（４）社会保障関係費の内訳

１９７０（昭和45）年度以降の社会保障関係費の内訳[*1]をみると、最新の主要経費は「年金給付費」、「医療給付費」、「介護給付費」、「少子化対策費」、「生活扶助等社会福祉費」、「保健衛生対策費」、「雇用労災対策費」の７つに分けられる。

１９７０年度から２００８（平成20）年度までは、「社会保険費」が最大項目であり、２００８年度は社会保障関係費の約80％を占めていた。

２０２４年度の社会保障関係費約37・７兆円のうち、最大項目は、「年金給付費」の13・４兆円（35・５％）であり、次いで「医療給付費」の12・２兆円（32・４％）である。

＊１……２００９年度の主要経費の内訳変更では、「社会保険費」と「失業対策費」がなくなり、「年金医療介護保険給付費」と「雇用労災対策費」ができた。２０１６年度の変更では、年金、医療、介護などが区分されたほか、「少子化対策費」が加えられた。

[**図表2-1**]社会保障関係費の内訳の推移

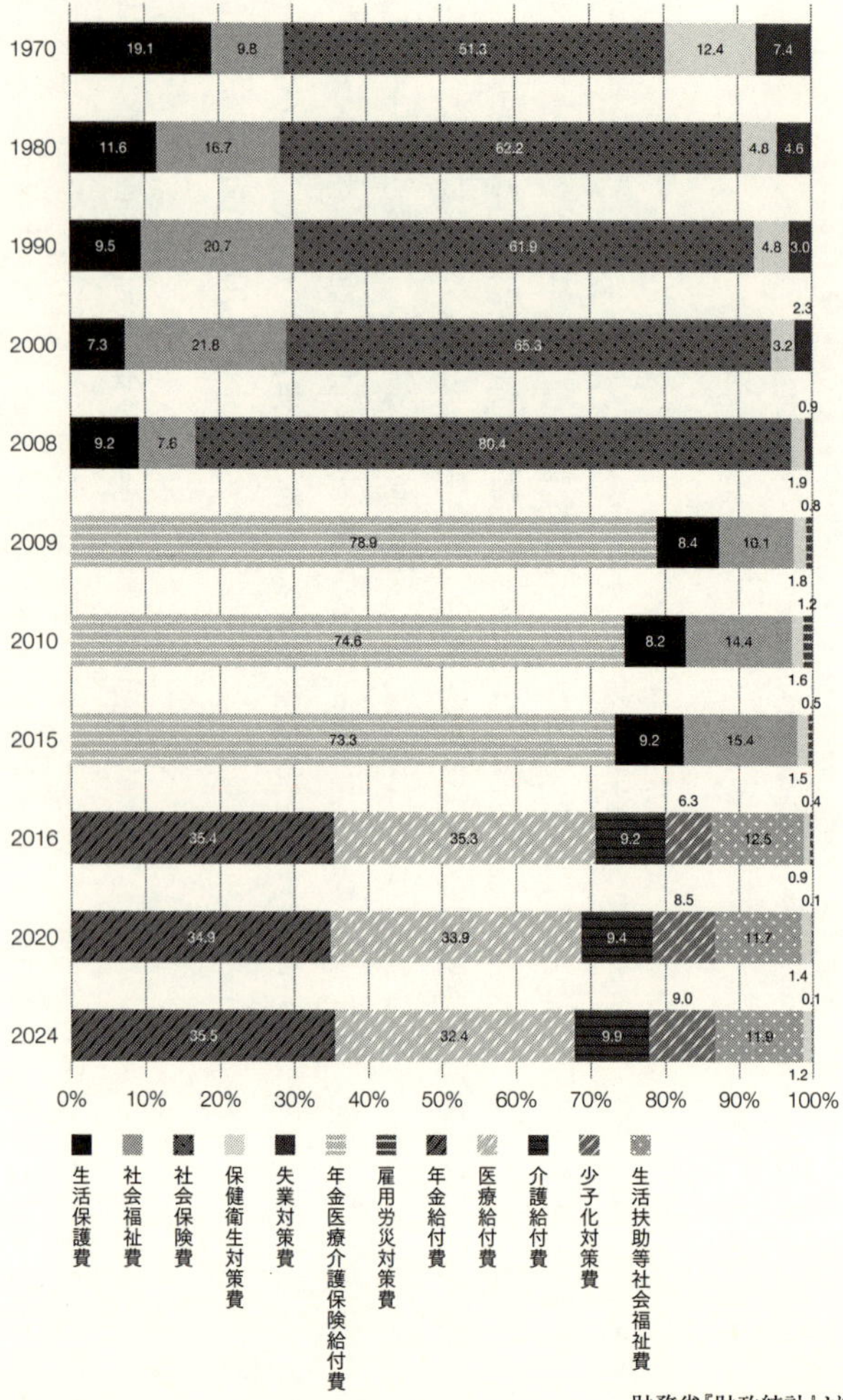

財務省『財政統計』より

［**図表2-2**］内訳別・社会保障関係費の所管省庁別予算（2024年度）

単位：10億円

	内閣府	財務省	厚生労働省	国土交通省	合計
社会保障関係費 計	4,136.2	78.4	33,504.6	0.1	37,719.3
年金給付費		78.3	13,323.7		13,402.0
医療給付費	13.6		12,223.0		12,236.6
介護給付費			3,718.8		3,718.8
少子化対策費	3,275.4		106.9		3,382.3
生活扶助等社会福祉費	846.6	0.1	3,644.5		4,491.2
保健衛生対策費	0.6		443.8		444.4
雇用労災対策費			43.9	0.1	44.0

これらの「年金給付費」と「医療給付費」で社会保障関係費の約3分の2を占める。以下、「生活扶助等社会福祉費」、「介護給付費」、「少子化対策費」の順となっている。

また省庁別に社会保障関係費をみると、総額約37・7兆円のうち、その約88・7％に当たる33・5兆円を厚生労働省が支出し、次いで内閣府が4・1兆円（11・0％）を支出している。内閣府の支出は、全て内閣府の管轄であるこども家庭庁[*2]にかかわる費用である。

（5）予算配分上の特徴

社会保障関係費の使い道をみると、56・4％が補助費・委託費、41・8％が他会計への繰入で、この

＊2……2023年4月に創設。

[図表2-3] 社会保障関係費の使途(2024年度)

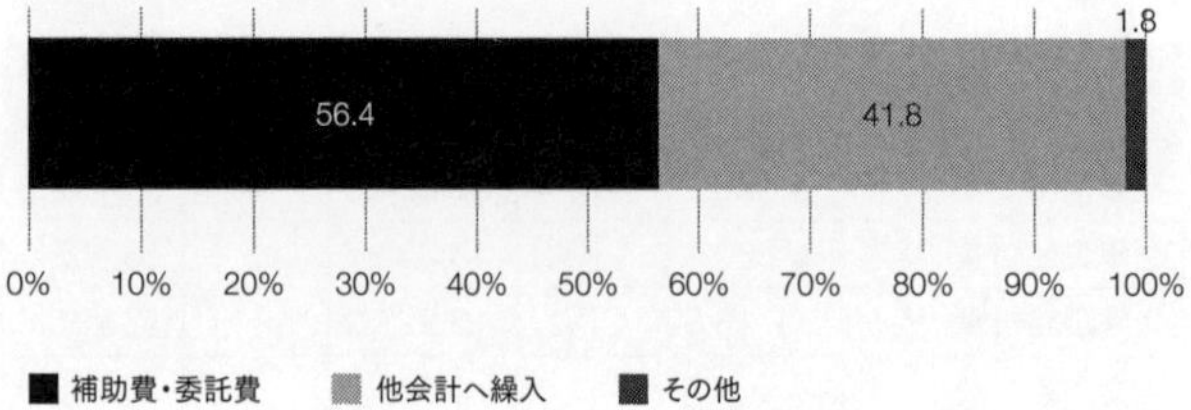

2つの使途でほぼ100%を占めている。補助費・委託費は、75歳以上、または65歳から75歳未満の障害を抱える高齢者が加入する「後期高齢者医療制度」や、介護保険サービスを支える「介護給付費」などの給付金に、主に充てられている。他会計への繰入では、「年金特別会計」の国民年金勘定や厚生年金勘定、子ども・子育て支援勘定に繰入れられ、基礎年金や児童手当のための交付金に充てられている。[*3]

(6)社会保障関係費を構成する各事業の内容

①年金給付費

年金制度に基づき、高齢者や障害者などの生活を金銭面から保障する費用。主に、1・老後の生活のための老齢年金、2・障害を抱える場合に受け取る障害年金、3・家族が亡くなった場合に支払われる遺族年金に分けられる。

②医療給付費

医療保険制度に基づき、病気やけがをした際に必要な医療ケアを受けるために支払われる費用。長期にわたり高額な医療を受ける患者の負担を軽減する高額療養費制度や難病患者の医療費助成なども含まれる。

③介護給付費
介護保険制度に基づき、高齢者や要介護者に提供される介護サービスのために支払われる費用。利用する高齢者の所得などに応じ、利用料の7～9割が給付費で賄われる。給付費の総額は、2000（平成12）年度の創設以来20年間増加し続けている。

④少子化対策費
幼稚園、保育所、大学、専門学校などの無償化や、妊娠・出産など、安心して子育てできる環境を整備するための費用。なお2025年度から、3人以上の子を扶養している家庭では大学が無償になる。

＊3……詳しくは「第3部　特別会計　8　年金特別会計」を参照。

⑤生活扶助等社会福祉費

生活に困窮している人や社会的な支援を必要とする人に対して、最低限度の生活を保障し、自立を助けるために支払われる費用。生活保護を受けている人に対する就労支援なども含まれる。

⑥保健衛生対策費

感染症対策や、公衆衛生の整備にかかる費用。へき地における医療確保を図ったり医療従事者の研修に用いたりなど、医療提供の体制を整えるための費用や、国立研究開発法人の運営にかかる費用なども含まれる。

⑦雇用労災対策費

雇用保険制度と労災保険制度に基づき、職を失った労働者に対する失業手当や、労働者が仕事中や通勤中に事故や災害に遭った場合の治療費などのために支払われる費用。

2 文教及び科学振興費――教育・科学のお金

「文教及び科学振興費」とは、教育や科学技術の発展のための支出であり、一般に「文教予算」と呼ばれる。教育や科学技術の発展は、資源に乏しい日本が世界で存在感を発揮するために欠かせないが、国の当初予算で見る限り、2002（平成14）年度の6・7兆円をピークに、少子化の影響もあってか、減少・横ばい傾向が続いている。

2024年度の一般会計歳出の当初予算で「文教及び科学振興費」は、5・5兆円であり、約4・9％を占めている。主な支出費目は、公立小中学校の教職員の給与支払いの3分の1を負担する「義務教育費国庫負担金」、宇宙開発や海洋開発など科学技術の振興のための支出である「科学技術振興費」、義務教育での教科書の配布や国立大学法人・私立学校の援助などの費目である「教育振興助成費」などからなる。その他には、文教施設費、育英事業費がある。「文教及び科学振興費」のうち、「科学技術振興費」を除いたものが「文教関係予算」と呼ばれている。

「文教及び科学振興費」を所管する省庁は文部科学省（以下、文科省）が中心であるが、文科省だけではなく、内閣府をはじめ、総務省、経済産業省、農林水産省、厚生労働省、

[**図表2-4**] 文教及び科学振興費の推移(1970-2024年度)

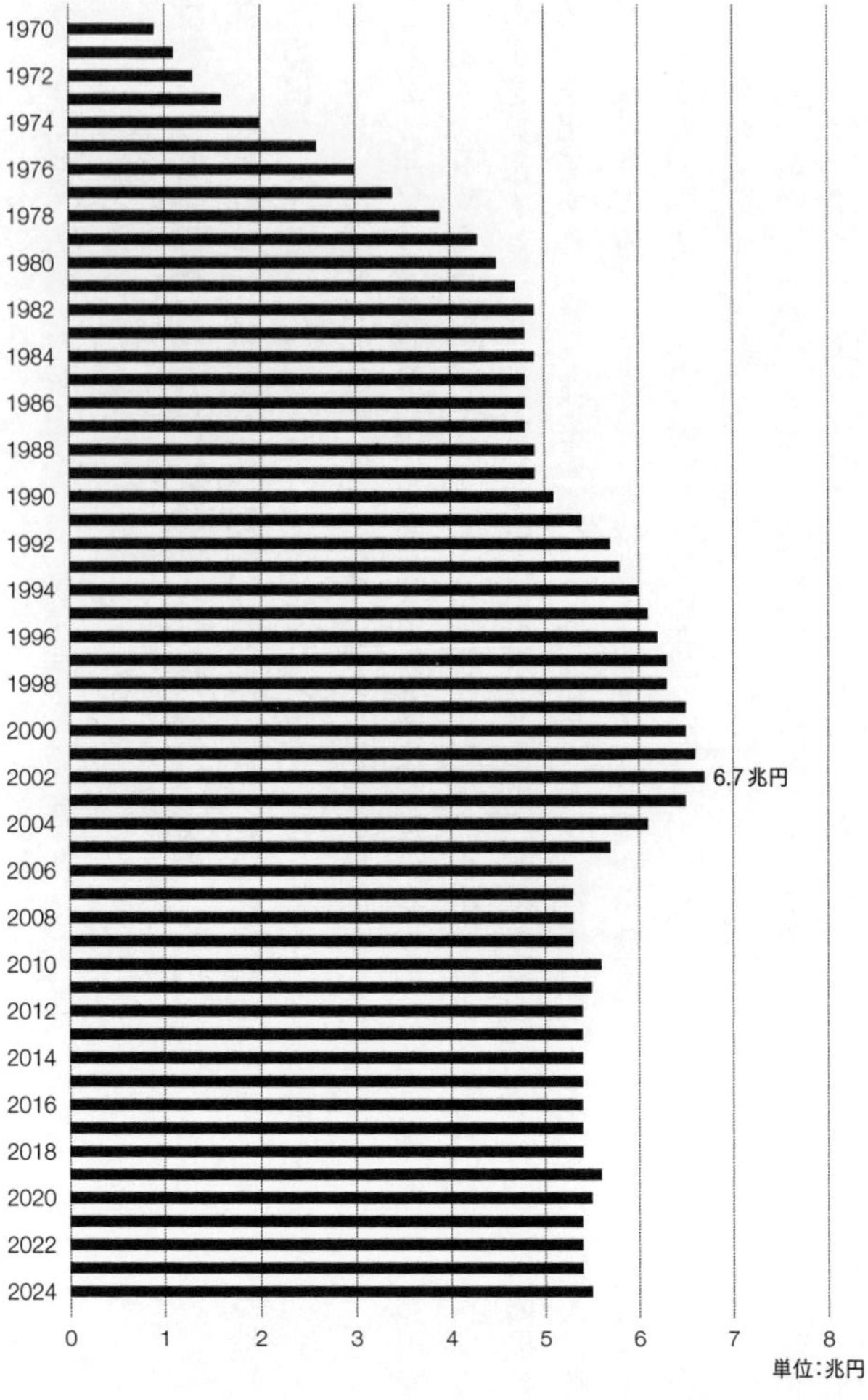

財務省『財政統計』より

財務省、国土交通省、環境省も含まれる。ただし文科省以外に「文教関係予算」を所管しているのは、内閣府のみで、他の省庁は科学技術振興費の一部を所管している。一方、文科省の予算が全て「文教及び科学振興費」というわけではない。留学生の受入れ費用に関連する予算は「経済協力費」に、文化行政関係の予算（文化庁の予算）約1060億円の大部分は「その他の事項経費」に含まれている。文化庁の1060億円という予算は、「文教及び科学振興費」の規模に比べると少ないように見えるが、地方自治体が運営している公立博物館や図書館などの費用は各自治体の財源で賄われる。ただ各自治体の財源とはいっても、これらの費用は地方交付税交付金の枠組みの中で国の予算が使われている（「5　地方交付税交付金」を参照）。

また文教及び科学振興費は、9割以上が国庫負担金や助成費といった「補助費・委託費」として使われている。

義務教育費国庫負担金は、全国の公立小中学校の教職員67万人の給与なので文教及び科学振興費の相当割合を占める。35人学級化による必要教職員数の拡大や、教職員の待遇改善は本費目の直接的な拡大につながるため、近年盛んに議論が行われている。科学技術振興費は主に大学や国立研究機関への支出や各省庁の政策トピックの調査研究委託への支出に使われている。

[**図表2-5**] 省庁別・文教及び科学振興費の内訳(2024年度)

単位:10億円

		義務教育費国庫負担金	科学技術振興費	文教施設費	教育振興助成費	育英事業費	合計
国会			1.1				1.1
内閣			2.7				2.7
内閣府	内閣本府		36.1	4.4			40.5
	科学技術・イノベーション推進事務局		56				56
	宇宙開発戦略推進事務局		2.8				2.8
	警察庁		2				2
	消費者庁		1.2				1.2
	こども家庭庁		0.3		1.7		2
総務省			72.5				72.5
財務省			1				1
文部科学省		1,562.7	894.7	68.8	2,306.9	117.8	4,951
厚生労働省			64.9				64.9
農林水産省			94.6				94.6
経済産業省			119.4				119.4
国土交通省			29.8				29.8
環境省			30.1				30.1
総計		1,562.7	1,409.2	73.2	2,308.6	117.8	5,472

[図表2-6]使途別・文教及び科学振興費の内訳

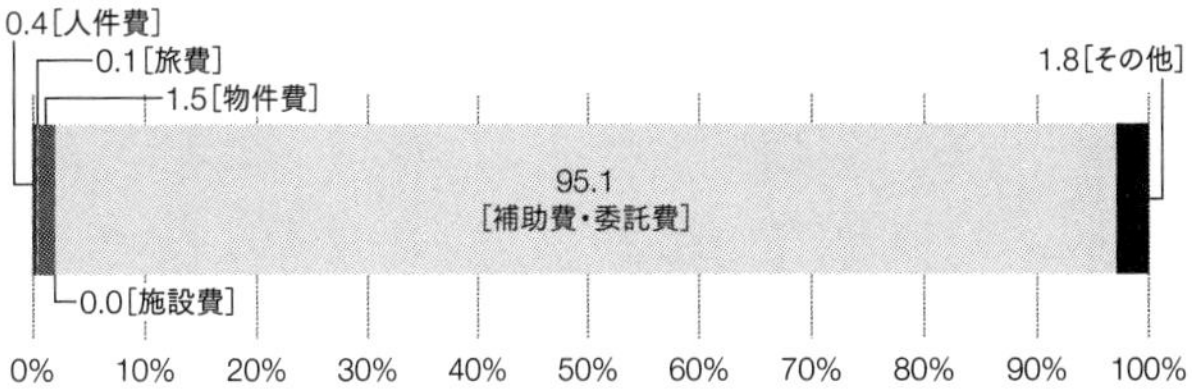

（1）義務教育費国庫負担金

２０２４年度の当初予算では、１・６兆円が計上されており、全額が国庫負担金である。「義務教育費国庫負担法」に基づき、教育の機会均等と水準の維持向上を図るため、公立の小中学校、特別支援学校の教職員の給与費の３分の１を負担している。これにより、全国すべての学校に必要な教職員を確保し、都道府県間における教職員の配置基準や給与水準の不均衡をなくす狙いがある。なお給与費の残り３分の２は地方交付税交付金によって手当てされている。市（政令市除く）区町村設置の公立小中学校であっても、教職員の給与は原則都道府県より支払われる（県費負担教職員制度）。本負担金と地方交付税を元手として、各都道府県は教職員給与を支払っている。

（2）科学技術振興費

２０２４年度の当初予算では全体で１・４兆円が計上されており、各省庁に付属する研究所（たとえば厚生労働省の国立感染症研究所など）の費用や、各省庁の所管する政策についての調査研究経費のほか、代表的な競争的研究費である科学研究費助成事業（科研費）の費用、博士後期課程在学者の一部を対象とした特別研究員制度の費用が含まれている。宇宙・航空分野の研究開発（H3ロケットの開発など）や、原子力分野の研究開発などの大型プロジェクトの費用なども含まれている。

（3）文教施設費

2024年度の当初予算では、732億円計上されており、主要経費の中では比較的小さい。しかしながら、毎年度補正予算によって大幅に追加されており、毎年度1500億円から2200億円程度の予算規模となっている。この内訳のほとんどは、公立学校施設整備費で、義務教育諸学校の整備（新築、耐震補強など）のための費用である。なお施設整備は計画的な実施が想定されるため、本来は当初予算で計上すべき費用であると考えるが、なぜ当初予算ではなく、毎年度補正予算において「経済対策」の一環として計上されるのかについては資料からは読み取れない。

（4）教育振興助成費

2024年度の当初予算では2・3兆円計上されており、文教及び科学振興費の中では、最大の経費となっている。教育振興助成費の中で大きな割合を占める費目は3つあり、1番大きいものは国立大学法人運営費（いわゆる運営費交付金）である。ついで大きいものは、私立学校振興費（いわゆる私学助成）であり、私立大学、私立の初等・中等教育学校への助成である。3番目に大きいものが「初等中等教育振興費」であり、これは2010年度に始まった高校無償化の予算がほとんどである。このほか、教育振興助成費には義務教育の教科書の費用なども含まれる。

(5) 育英事業費

2024年度の当初予算では1178億円計上されている。これは独立行政法人日本学生支援機構（JASSO）のための費用。JASSOは、学資の貸与を学生に対して行っているが、無利子貸与の原資については、無利子奨学金の返還金などで足りない分について国から毎年貸付（育英資金貸付金）を受けている。また有利子貸与の奨学金でも返済利息は上限3％と低い一方で、JASSOはそれを超えた利率で資金調達を行っているため、金利負担がJASSOに発生する。この収支差を補うための利子補給金を国が補てんしている。その他にも返還免除した奨学金については国が補てんすることになっている。

コラム4　日本の公的な教育支出は少ないのか？

日本の教育への公的支出（公財政教育支出）が少ないとよく指摘されている。確かに経済協力開発機構（OECD）の統計によると、OECD加盟国の中で、公財政教育支出対GDP比はワースト2位の3・0％である（OECD平均は4・3％）。一方、在学者1人当たり公財政教育支出対1人当たりGDP比は22・2％でOECD平均（22・7％）と同等水準である。もう一つ数字を出してみると、政府支出に対する公財政教育支出比は2・6％で、OECD平均の3・2％と比べて少ない。

1つ目の指標は、国全体の経済規模に比して公財政教育支出が少ないことを示している。2つ目の指標は、人口ピラミッドを考慮した指標で、少子化の進んでいる日本が有利な指標である。3つ目の指標は国の財政規模と比べてどれだけ教育にお金を使っているかの指標である。国際的な比較の見え方は何を表した指標かで大きく変わるので、その数字が何を意味しているのかに注目する必要がある。とはいえ、どの指標でも公財政教育支出が他の国と比べて多いとはいえない。

また国際比較の順位だけにとらわれず、とくに3つ目の政府支出に対する公財政教育支出比については、社会保障費のような、ほかの分野への支出と比較して議論するほうがより具体的な議論につながる。

対GDP比で見た公財政の教育支出（2020年）

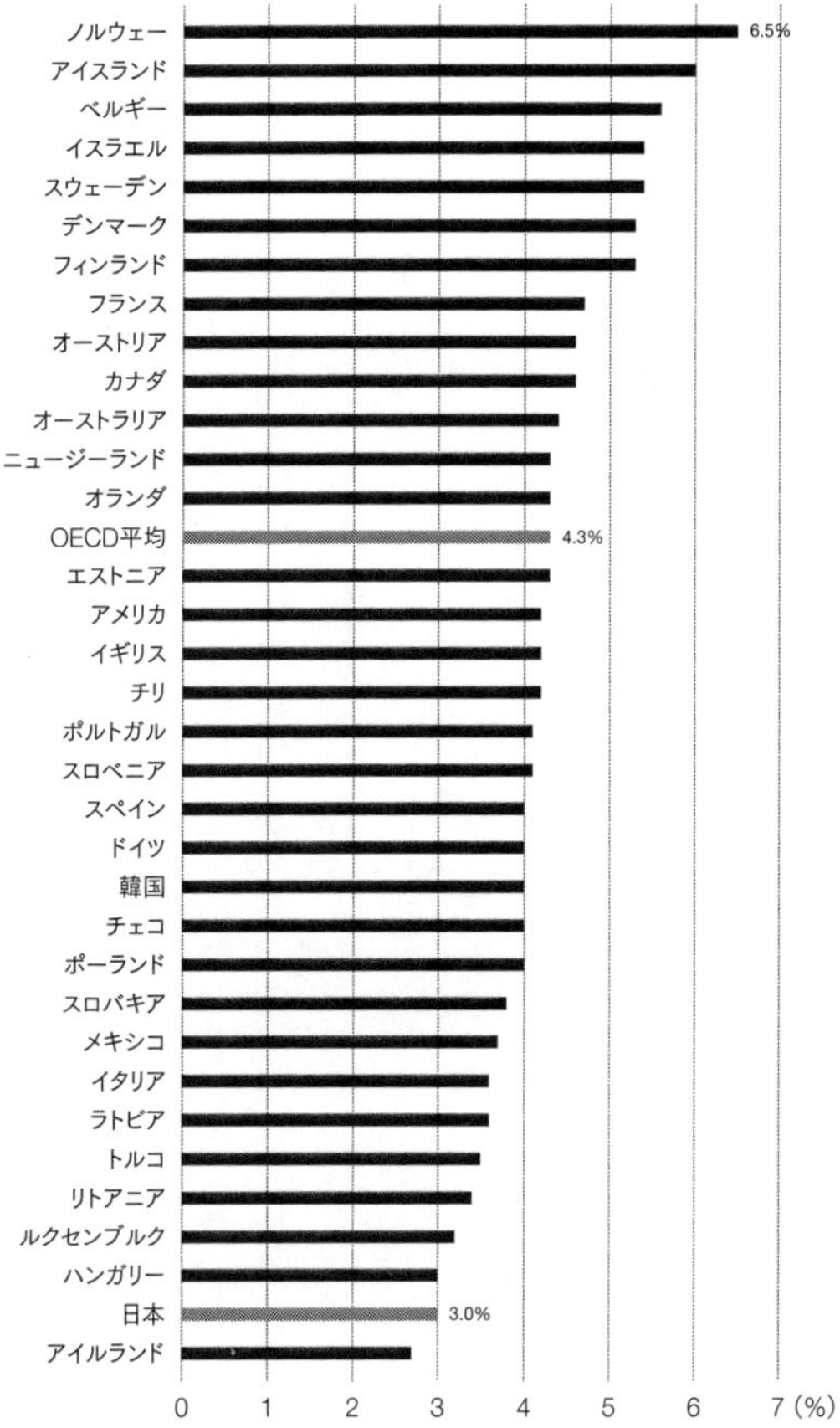

OECD統計より

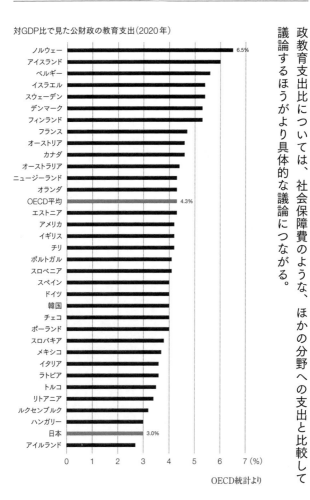

3 国債費――国の借金を返すためのお金

簡単にいえば、国の借金返済のための経費。大きく分けて国債及び借入金の元本返済のための費用（償還費）、利子の返済のための費用（利払費）、国債事務取扱費がある。財務省予算として毎年度計上される国債費は、庁費や職員旅費を除き、ほぼ全額（99・99％）が「国債整理基金特別会計」に繰入れられ、国債の償還・利払は、国債整理基金を通じて行われる。

2024年度当初予算では、全体で27兆円計上されており、その内、償還費は17・3兆円、利払費は9・7兆円となっている。

日本では財政法第4条により、国債発行による財源調達は原則禁止されている。許されているのは公共事業のための公債で、いわゆる「建設国債」と呼ばれているものである。そのため毎年国会で特例公債法（正式名称は年によって異なる）という法律を成立させて、「特別」に発行している。

なお東日本大震災の復旧・復興事業の財源確保のために2011（平成23）年度から2025（令和7）年度まで発行できる「復興債」は、「東日本大震災からの復興のための施策を実施するために必要な財源の確保に関する特別措置法」に基づいており、通常の特別国債とは別枠の整理となっている。

4 恩給関係費——元公務員や旧軍人のためのお金

(1)恩給関係費とは?

公務員が一定の期間、忠実に働いた上で退職した場合、公務のためにけがをして退職した場合、または死亡した場合に、その公務員や遺族に支払うための費用。恩給の対象となる公務員は、一般文官[*4]と旧軍人である。遺族に対する給付は、死亡した理由により給付の種類が異なる一方、本人に支払われる恩給の種類は以下の2種類に区分される。

①普通恩給

＊4……一般文官は、文官、教育職員（公立学校などの教職員）、警察監獄職員、待遇職員（神宮司庁職員、地方道路技師など）の4つに区分される。

［図表2-7］恩給関係費の内訳の推移（1970-2021年度）

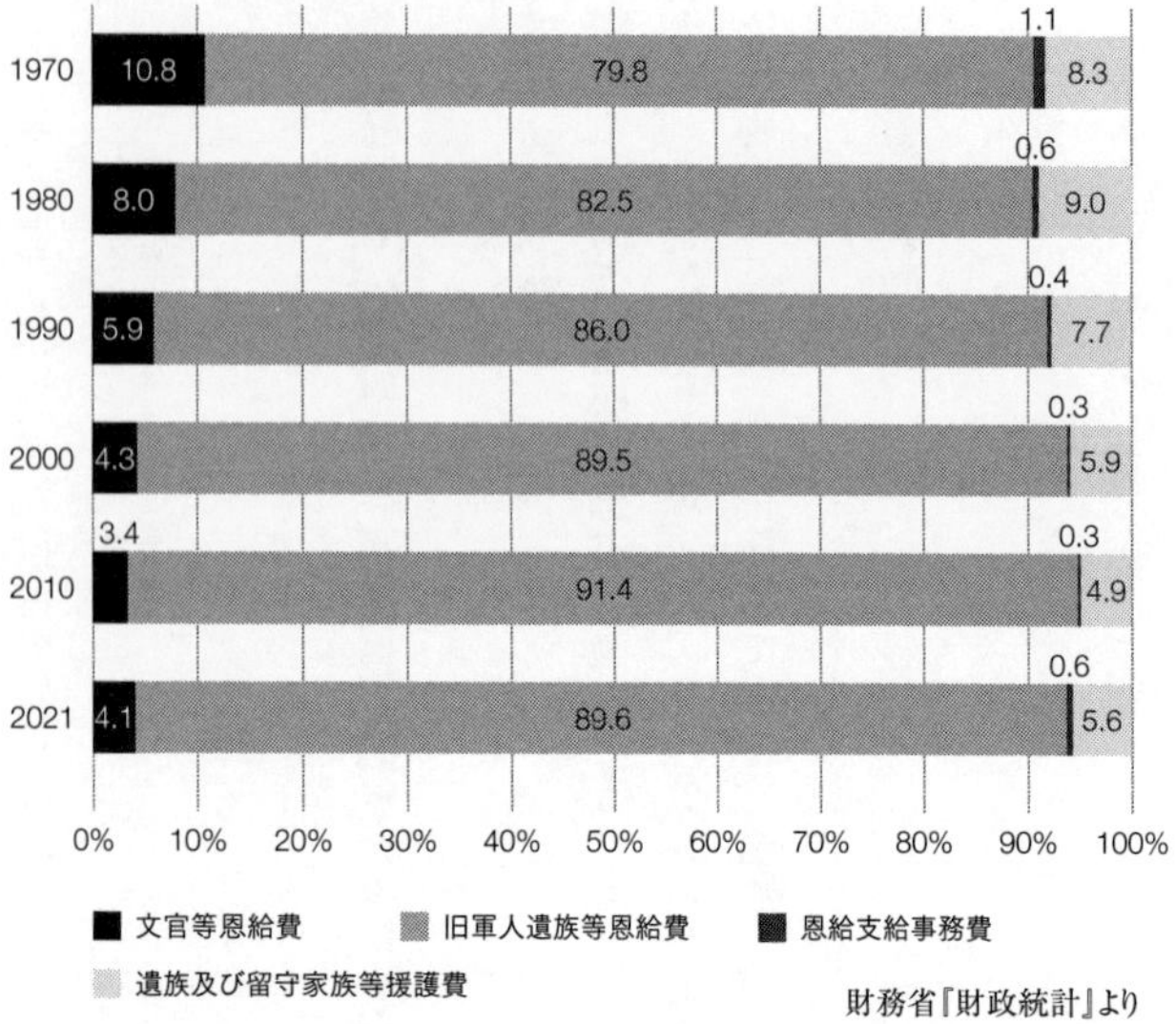

財務省『財政統計』より

一定の年数以上在職して退職した場合に支給される給付。

②傷病恩給

公務によってけがを負った者や旧軍人に支給される給付。けがの重度によって、増加恩給、疾病年金、特例傷病恩給がある。

（2）恩給関係費の推移

第2次世界大戦後、GHQの指令により一部の重症者を除き軍人の恩給は廃止されていたが、1953年に復活した。恩給関係費は、一般会計当初予算に占める割合としては1956（昭和31）年度の8・7%、金額としては1987（昭和62）年度の1・9兆円

［図表2-8］恩給関係費の所管省別予算（2024年度）

単位：10億円

総務省	文部科学省	厚生労働省	国土交通省	合計
70.5	1.0	5.6	0.0007	77.1

をピークとして、旧軍人遺族の減少とともに減少している。

２０２４年度の予算は７７１億円で、一般会計歳出予算全体の約０・０７％を占める。

（3）恩給関係費の内訳

恩給関係費の内訳について、１９７０年度と２０２１年度を比較すると、「旧軍人遺族等恩給費」の割合は80％から90％と増えているが、それ以外の費用はシェアを減らしている（２０２２［令和４］年度以降は、内訳ごとの費用が確認できない）。

２０２１年度の恩給関係費は、旧軍人遺族等恩給費が１・３億円で最も多く、遺族及び留守家族等援護費、文官等恩給費、恩給支給事務費の順となっている。

また省庁別に恩給関係費をみると、７７１億円のうち、約91％に当たる７０５億円を総務省が支出している。次いで、厚生労働省の56億円（７・３％）、文部科学省の10億円（１・３％）の順である。

[**図表2-9**] 恩給関係費の使途(2024年度)

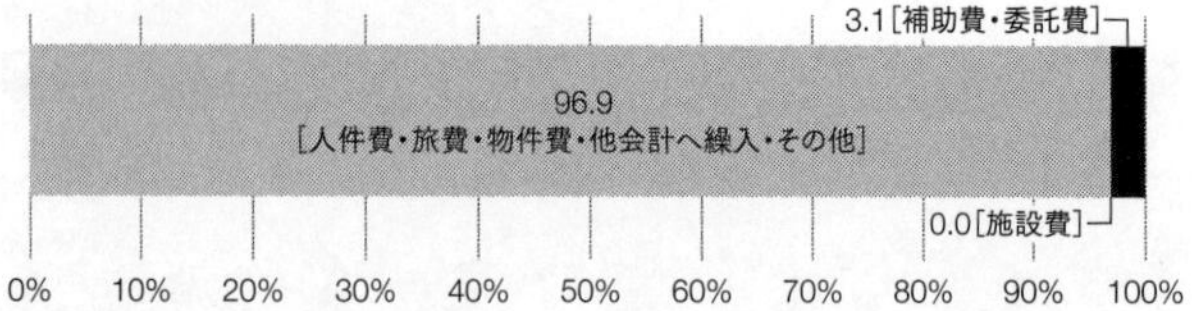

(4)予算配分上の特徴

恩給関係費を使途別分類でみると、96・9%が人件費・旅費・物件費・他会計へ繰入で大半を占めている。補助費・委託費は3・1%であり、施設費の支出はない。

5 地方交付税交付金──地方の財源を保障するためのお金

国から地方公共団体(都道府県や市町村)へと配分される予算のこと。各地方公共団体の格差を小さくし、独立性を高めることが主な目的。[*5]現状として、財政力に余裕がある比較的豊かな団体もあれば、比較的財政力に乏しい団体もある。そこで財政力に乏しい団体には多くの予算を配分し、財政力がある豊かな団体には少なく配分される(場合によっては交付しない)。この再配分により、豊かな地方公共団体も財政力の乏しい地方公共団体も必要な水準の行政サービスを提供できるようになる。

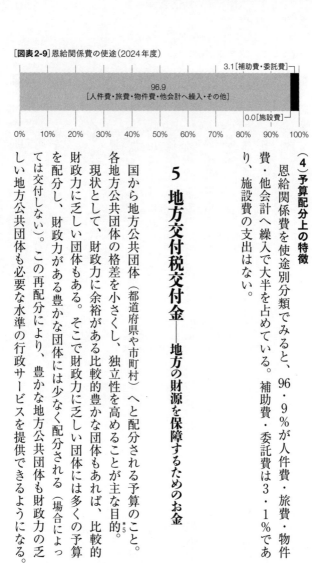

図表２－10では、都道府県ごとの人口当たりの地方交付税交付金の金額を示している。図表から、東京都には交付されていないこと、神奈川県、愛知県、大阪府など大都市のある都道府県は人口１人当たりの交付金が少ないことが読み取れる。一方で、島根県には人口当たりで１番多く交付されており、鳥取県や高知県も金額が多いことが分かる。

地方交付税交付金の金額はどのように決まるのだろうか。地方交付税交付金には普通交付税と特別交付税の２種類あるが、ここではより大きな割合を占める普通交付税について説明する。

普通交付税は、地方公共団体が必要としている金額から入ってくる額を引いた金額で計算する。必要としている金額は基準財政需要額と呼ばれ、入ってくる額には、基準財政収入額という名称がある。この必要とする額と入ってくる額の差が、不足している金額となり、この値に基づいて交付金額が決定される。なお地方交付税交付金の金額は、総務省の

＊５……地方交付税法第１条「この法律は、地方団体が自主的にその財産を管理し、事務を処理し、及び行政を執行する権能をそこなわずに、その財源の均衡化を図り、及び地方交付税の交付の基準の設定を通じて地方行政の計画的な運営を保障することによつて、地方自治の本旨の実現に資するとともに、地方団体の独立性を強化することを目的とする。」

[**図表2-10**]人口当たりの地方交付税交付金の額(2022年度)

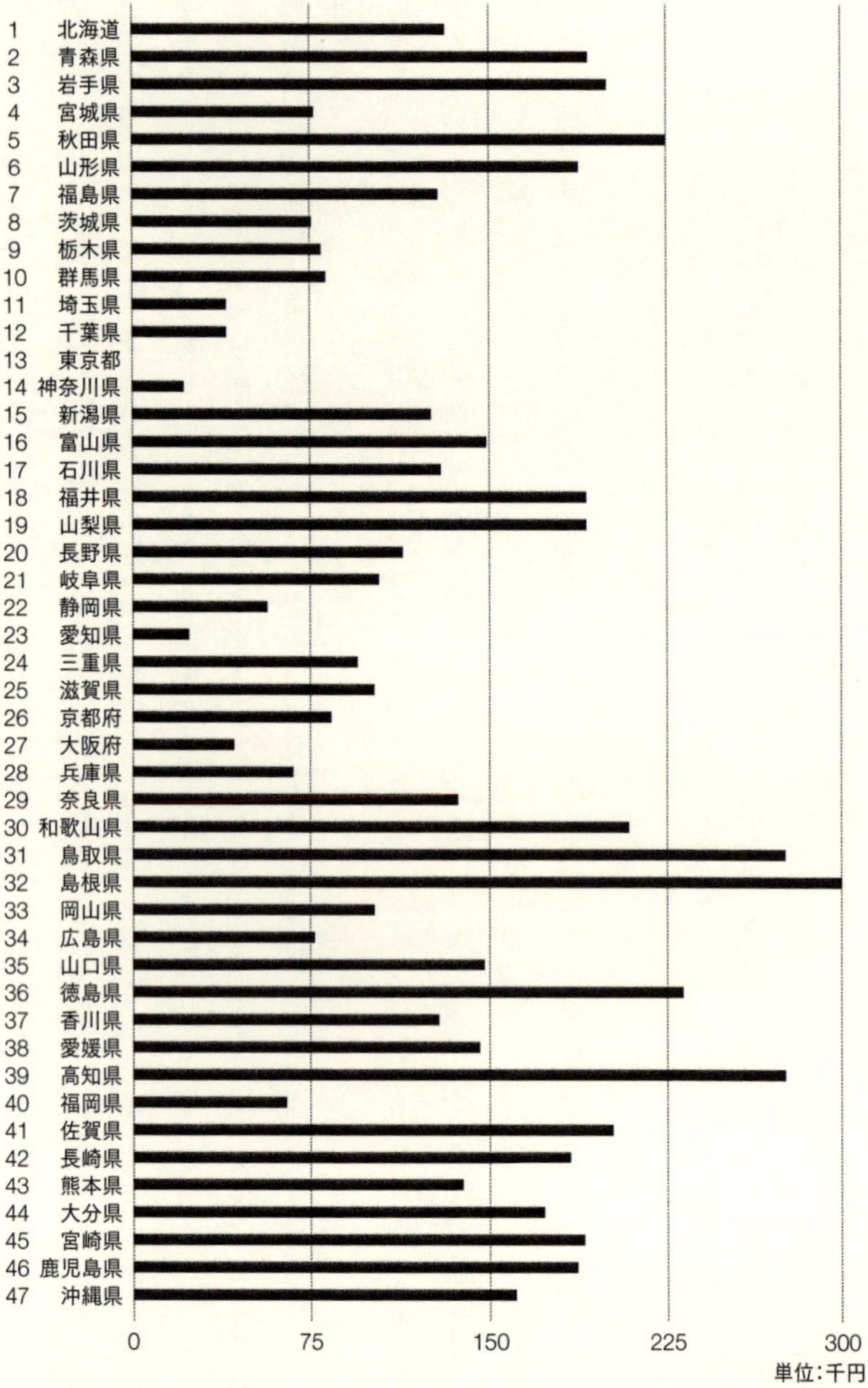

総務省資料より

［**図表2-11**］地方交付税交付金の所管省庁別予算（2023年度）

単位：10億円

	総務省	合計
地方交付税交付金	16,654.3	16,654.3

Ｗｅｂサイトに公表されている。[*6]

地方交付税交付金の財源について地方交付税法第６条１項は、所得税及び法人税のそれぞれ33・１％、酒税の50％、消費税の19・５％、地方法人税の全額が配分されると定めている。支出しているのは総務省であり、総額約16兆６５４３億円のうち１００％が総務省による支出となっている（図表２－11）。また地方交付税交付金は、全てが地方公共団体へ配分される予算であり、使途別分類で見てみると、１００％が「交付税及び譲与税配付金特別会計」への繰入れである。

今後の地方交付税交付金の額については、地方財政をどのような姿にするか次第である。既に人口減少時代に入っているとはいえ、地方自治体には、当面、高齢化対応サービスと同時に、少子化対応・子育て支援策、防災対策も求められる。地方交付税の財源となっている国税４税（所得税・法人税・酒税・消費税）の繰入れ方も含め、税源の地域的な偏りが小さい地方税体系の実現など、地方税収を中心とした十分な財源の確保が望まれる。

＊６……https://www.soumu.go.jp/menu_news/s-news/01zaisei04_02000155.html

コラム5　地方交付税の不交付団体

「地方交付税交付金」とは、国から地方公共団体（都道府県や市町村）へと配分される予算であり、財政力の乏しい自治体には多く配分される。豊かな自治体の一部は、交付金が配布されない不交付団体となっているが、どのような自治体が不交付団体になっているのだろうか。

総務省によると、2024年の不交付団体は83団体だった。そのうち、都道府県では東京都だけが不交付団体である。地方交付税の算定において東京都と特別区は一体とみなされており、東京都特別区も交付税の交付対象となっていない。市町村では、82の団体が不交付団体になっている。大まかには以下のような特徴をもつ団体は不交付になる傾向が強い。[*1] ①原子力発電所や火力発電所が立地する自治体（たとえば、青森県六ヶ所村、新潟県刈羽村、愛知県飛島村）②有力製造業の本社及び工場群が立地する市町村（たとえば、愛知県豊田市）③有名別荘地や高地価住宅地（たとえば、神奈川県鎌倉市、長野県軽井沢町、東京都武蔵野市）④空港の立地あるいは空港が自治体の面積の多くを占めているケース（千葉県成田市）。

地方交付税交付金には国内どこに住んでも同程度の行政サービスを受けられる

よう財源を保障する役割があるが、この制度は同時に各地方公共団体の財源の自立意欲をそいでしまうという指摘もなされている。今後自治体においては、地方交付税交付金に依存しすぎずに、独自の財源を確保するための取組を検討していく必要があるだろう。同時に、自治体の努力だけでは限界もあるため、税源の偏りの小さい地方税制へと改革を進めることも重要である。

＊１……より詳しくは以下の文献を参照されたい。
浅羽隆史（２０１８）「不交付団体の研究―恒常的不交付団体とその類型化―」『成蹊法学』第89号 pp.41-76

2024年度地方交付税（普通交付税）不交付団体一覧

1 道府県分　　東京都

2 市町村分

都道府県	不交付団体名
北海道	泊村
青森県	六ヶ所村
宮城県	大和町
福島県	西郷村、広野町、大熊町、新地町
茨城県	つくば市、神栖市、東海村
群馬県	明和町
埼玉県	戸田市、朝霞市、和光市、八潮市、三芳町
千葉県	市川市、成田市、市原市、君津市、浦安市、袖ケ浦市、印西市、芝山町
東京都	立川市、武蔵野市、三鷹市、国分寺市、府中市、小金井市、昭島市、調布市、国立市、多摩市、小平市、瑞穂町
神奈川県	川崎市、鎌倉市、藤沢市、厚木市、海老名市、寒川町、箱根町
新潟県	聖籠町、刈羽村
福井県	美浜町、高浜町、おおい町
山梨県	昭和町、忍野村、山中湖村
長野県	軽井沢町
静岡県	富士市、御殿場市、湖西市、長泉町
愛知県	名古屋市、岡崎市、碧南市、刈谷市、豊田市、安城市、小牧市、東海市、大府市、高浜市、日進市、田原市、みよし市、長久手市、豊山町、大口町、飛島村、武豊町、幸田町
三重県	四日市市、川越町
京都府	久御山町
大阪府	田尻町
兵庫県	芦屋市
福岡県	苅田町
佐賀県	玄海町

総務省資料より

6　防衛関係費——国を守るためのお金

(1)防衛関係費とは？

自衛隊員の給与や装備など国を守るための防衛力の整備に必要な支出。自衛隊員の人件費、防衛装備品の購入費や整備費、基地（米軍を含む）に関係する費用等が含まれる。

なお防衛関係費の特徴として、艦艇・航空機などの主要な装備品の調達や格納庫・隊舎の建設など、契約から納入・完成までに時間がかかるものが多く、複数年度の契約が多いことが挙げられる。

(2)防衛関係費の推移

ロシアによるウクライナ侵攻や、中国の軍拡などの安全保障環境に対応するため、2022年12月に「国家安全保障戦略」、「国家防衛戦略」、「防衛力整備計画」が策定された。これらにより、防衛費の大幅な増加が図られ、2023年度から2027年度の5年間での防衛力整備の水準を43兆円程度として、計画初年度にあたる2023年度予算を「防衛力抜本的強化の元年予算」と名付け、2023年度以降、防衛関係費を大幅に増加させている。

2024年度の一般会計歳出の当初予算では、「防衛関係費」は7・9兆円である。防衛省所管の「防衛関係費」に加え、別途デジタル庁に計上される防衛省システムにかかわる324億円が「防衛関係予算」として扱われている。なおこのうち、米軍再編等に関わる経費が2247億円となっている。

2024年度における米軍再編等にかかる経費を除く防衛関係の支出額（整備計画対象経費）は7・7兆円となっており、一般会計歳出予算全体の約6・9％を占めている。2024年度は新たな「防衛力整備計画」の2年目にあたり、初年度であった前年度と比較してプラス1・1兆円（プラス17・0％）と大幅な増加となっている。また後年度負担（2025年度以降に支出が生じるもの）を含む新規契約額は9・3兆円となり、前年度比プラス4100億円（プラス4・6％）となっている。

防衛関係費は、2003（平成15）年度から2012年度まで毎年前年度比でマイナスであったが、2012年度の4・6兆円を底として、2024年度に至るまで毎年度増加している。それ以前をみると、1950（昭和25）年度に1310億円であったが、1974（昭和49）年度に1兆円、1979（昭和54）年度に2兆円、1985（昭和60）年度に3兆円、1990（平成2）年度に4兆円を超えている。防衛関係費が増加した要因としては、物価上昇に加え、国産装備品の増加を含めた防衛力の充実が背景にある。なお防衛関係費の増加への歯止めとして、1976年に防衛関係費のGNP比1％枠が閣議決定された。GNP[*7]比1％枠は1986年に撤廃されたが、2022年度までおおむねGNP／GDP比1％程度の金額に抑えられてきた。

ストックホルム国際平和研究所の推計によると、2023年の軍事費の世界シェアは、1位のアメリカが37・5％、2位の中国が12・1％、3位のロシアが4・5％、4位のインドが3・4％となっており、サウジアラビア、イギリス、ドイツ、ウクライナ、フランスに次いで日本は10位となる2・1％であった。

＊7……GNPは一定期間にある国民によって生み出された財・サービスの付加価値の総計である。現在ではGNPの概念は用いられていない。

[図表2-12] 防衛関係費の推移

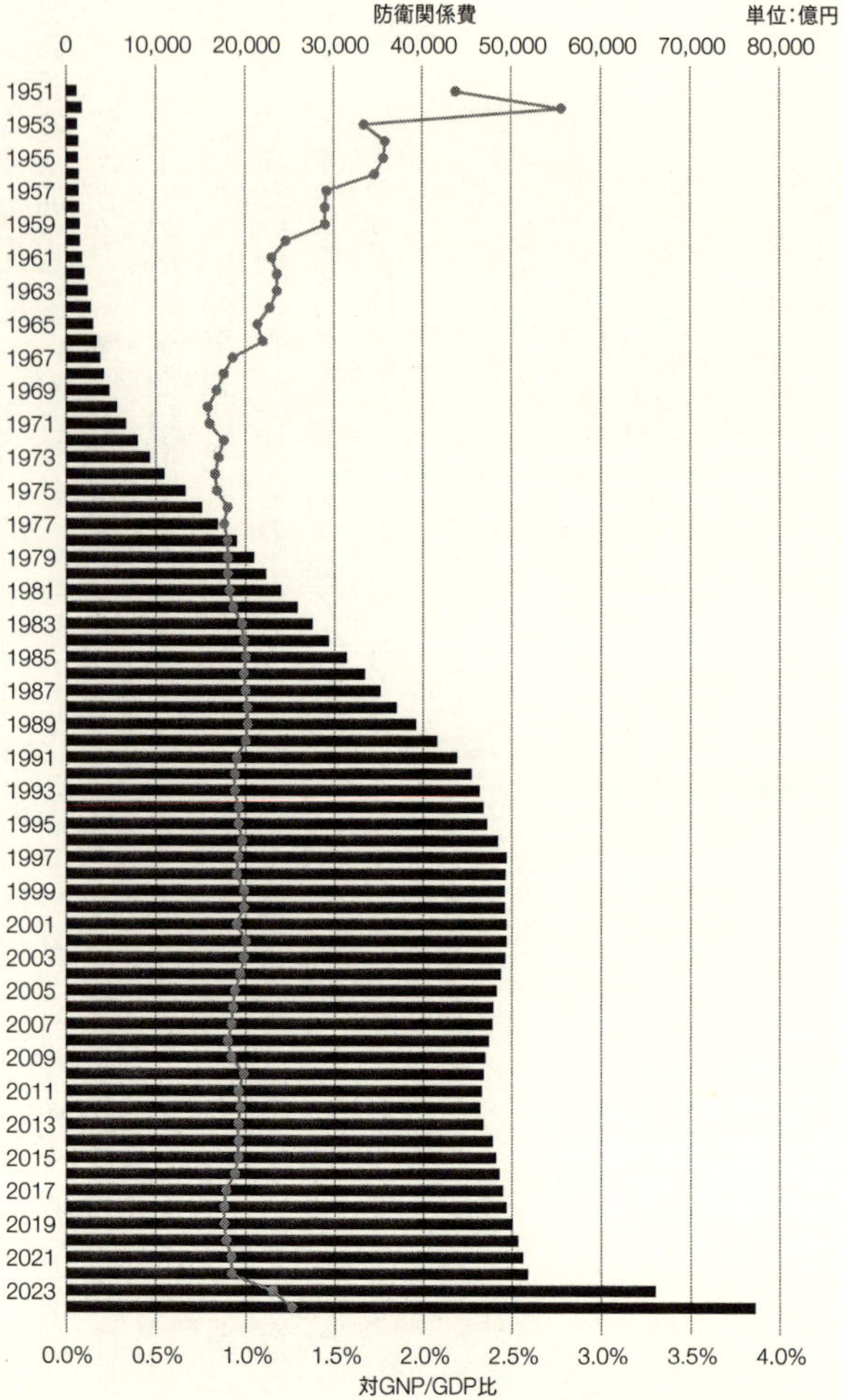

防衛省『令和6年版防衛白書』より

コラム6　近年の安全保障環境の変化と防衛費

長年、防衛関係費はGDP比1％程度に抑えられてきたが、2022年12月の「国家安全保障戦略」、「国家防衛戦略」、「防衛力整備計画」により、GDP比2％程度への大幅な支出額の増加が図られた。

この背景として、防衛省（政府）の説明によると、「戦後最も厳しく複雑な安全保障環境」と呼ばれる状況が挙げられる。具体的には、ロシア、中国、北朝鮮による軍事力の増強や軍事活動の活性化がある。たとえばロシアは北方領土を含む極東に新型装備を配備している。また中国の公表国防費は過去30年間で37倍になり、2023年度には日本の約4・7倍となっている。2023年において、近代的潜水艦は57隻（日本は22隻）、第4・第5世代戦闘機は1500機（日本は324機）となっている。

また戦い方についても変化している。2022年からのロシアによるウクライナ侵攻は、戦闘機・艦艇・戦車などの従来型の兵器だけでなく、ミサイル攻撃、無人機等による攻撃、情報戦なども組み合わされたものとなっている。大規模なミサイル攻撃に対しては、ミサイル迎撃やミサイル発射の抑制等が必要となる。

無人機等による攻撃については、宇宙・サイバー・電磁波の領域に係る探知や防護などの対処能力の強化、無人装備の導入や無人機に対処するための能力構築が必要となる。

安全保障環境の改善にあたっては、防衛力ではなく、外交による努力が優先されるべきである。しかしウクライナあるいは他の例を見ても、外交努力を尽くしても戦争に至ってしまうことがある。防衛関係費がGDP比2％程度へと増額された背景には、「戦争を未然に防ぐためには、国を守る力、つまり抑止力をもち、他の国に『日本を攻めても目標を達成できない』と思わせることが必要である」という防衛省（政府）の考え方が反映されている。

(3)防衛関係費にかかる長期計画

防衛力の整備については、1986年以降は5年間の中期計画を定めた上で、各年度の支出を決めている。

2023年度から2027年度を対象期間とする防衛力整備計画においては、①スタンド・オフ防衛能力（ミサイルの開発・取得）、②統合防空ミサイル防衛能力（イージス・システム搭載艦、迎撃ミサイルの開発・取得）、③無人アセット防衛能力（無人機の開発・取得）、④領域横断作戦能力（宇宙・サイバー・電磁波の能力強化、陸海空の統合運用）、⑤指揮統制・情報関連機能（防衛省や自衛隊システムのサイバー強化や情報収集能力・対処能力強化）、⑥機動展開能力・国民保護（輸送力強化、空港や港湾の利用拡大等）、⑦持続性・強靱《きょうじん》性（弾薬の備蓄増加等）の7つの領域・能力を柱として防衛力を強化している。

(4)防衛関係費の内訳

2024年度においては、資金への繰入れや米軍再編関連を除く防衛関係費のうち、自衛隊員の給与・食事代などの「人件・糧食費」が2・2兆円（28・9％）、自衛隊員の教育訓練や艦船・航空機などの油や装備品の修理など「維持費」が2・4兆円（31・7％）、新しい装備品の購入が1・7兆円（22・3％）となっている。

[**図表2-13**]防衛力整備計画における総事業費等の計画

区分	分野	5年間の総事業費(契約ベース)	2023年度事業費(契約ベース)	2024年度事業費(契約ベース)
スタンド・オフ防衛能力		5兆円	1.4兆円	0.7兆円
統合防空ミサイル防衛能力		3兆円	1.0兆円	1.2兆円
無人アセット防衛能力		1兆円	0.2兆円	0.1兆円
領域横断作戦能力	宇宙	1兆円	0.2兆円	0.1兆円
	サイバー	1兆円	0.2兆円	0.2兆円
	車両・艦船・航空機等	6兆円	1.2兆円	1.3兆円
指揮統制・情報関連機能		1兆円	0.3兆円	0.4兆円
機動展開能力・国民保護		2兆円	0.2兆円	0.6兆円
持続性・強靭性	弾薬・誘導弾	2兆円(他分野も含め5兆円)	0.2兆円(他分野も含め0.8兆円)	0.4兆円(他分野も含め0.9兆円)
	装備品等の維持整備費・稼働確保	9兆円(他分野も含め10兆円)	1.8兆円(他分野も含め2.0兆円)	1.9兆円(他分野も含め2.3兆円)
	施設の強靭化等	4兆円	0.5兆円	0.6兆円
防衛生産基盤の強化		0.4兆円(他分野も含め1兆円)	0.1兆円(他分野も含め0.1兆円)	0.1兆円(他分野も含め0.1兆円)
研究開発		1兆円(他分野も含め3.5兆円)	0.2兆円(他分野も含め0.9兆円)	0.2兆円(他分野も含め0.8兆円)
基地対策		2.6兆円	0.5兆円	0.5兆円
教育訓練費、燃料費等		4兆円	0.9兆円	0.9兆円
合計		43.5兆円	9.0兆円	9.4兆円

防衛省『令和6年版防衛白書』より

[**図表2-14**]防衛関係費の内訳

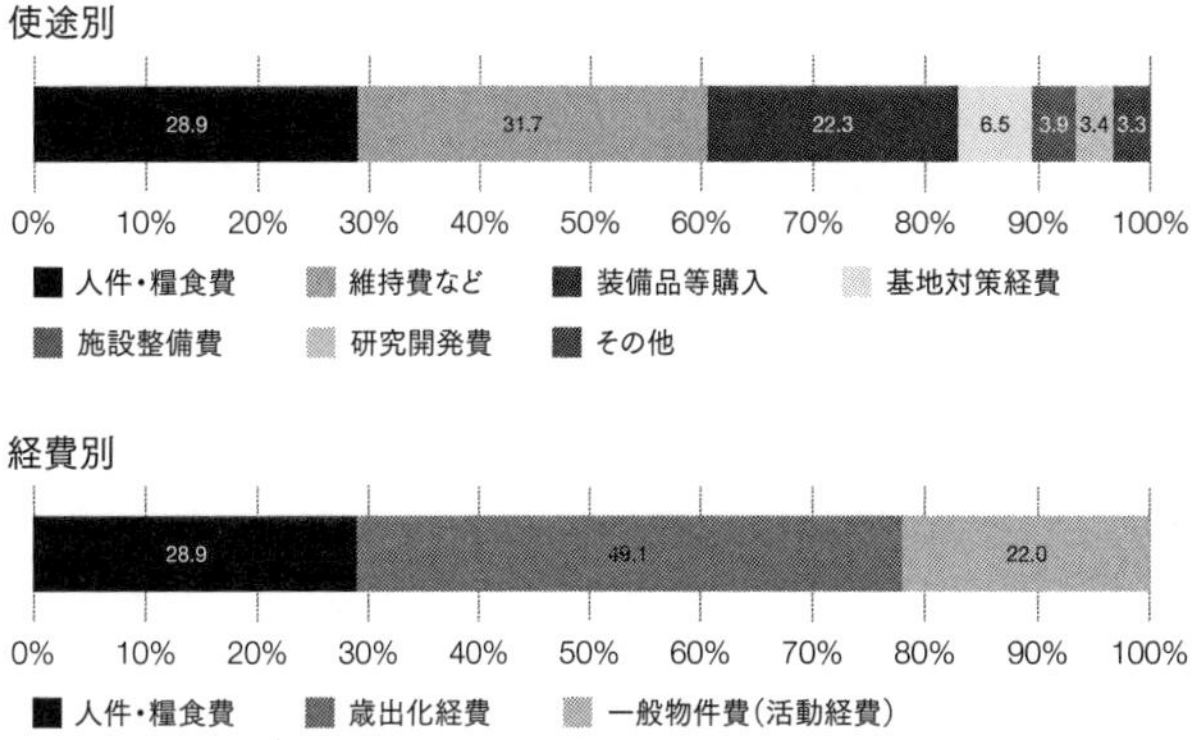

防衛省『令和6年版防衛白書』より

また経費別に見ると、「人件費・糧食費」が2・2兆円（28・9％）、装備品の修理・整備などを含む物件費が5・5兆円（71・1％）となっている。物件費は、過去の年度の契約に基づき支払われる「歳出化経費」と、その年度の契約に基づき支払われる「一般物件費」とに分けられるが、歳出化経費が3・8兆円（49・1％）、一般物件費が1・7兆円（22・0％）となっている。

(5)予算配分上の特徴

防衛関係費の特徴として、毎年度の予算の裁量が少ないことが挙げられる。

自衛隊員の給与・退職金・食事代などの「人件・糧食費」が約3割、前年度までの契約による支出である「歳出化経費」が約5割となっている。

戦車・艦艇・航空機などの主要装備品や格納庫・

隊舎の建設などは、契約から納入・完成までに2～5年を要するものが多く、前年度までの契約による支出も多くなっている。たとえば「令和2年度潜水艦建造費」「令和3年度甲V型警備艦建造費」などがこれに該当する。こうした義務的性質を持つ経費が全体の7割を占めている。

これ以外の支出についても、装備品の修理費や基地対策経費など裁量の余地が小さい経費が多くなっている。

7 公共事業関係費――道路や橋などインフラのためのお金

(1)公共事業関係費とは?

道路や橋、港、空港、ダム、上下水道、公営住宅といった生活や経済の中で基盤となる社会資本(インフラ)を整備したり、維持管理を行ったりするための支出。

一方で公共事業(公共投資)は、GDPを押し上げる大きな項目であり、鉄鋼やセメント、運輸、土木部門などの産業を通じて、生産や雇用に対する大きな需要を生み、その波及効果を通じて国民の所得を向上させる側面も持つ。そのため、短期の景気刺激策として、経済対策としても用いられてきた。

（２）公共事業関係費の推移

２０２４年度の一般会計歳出の当初予算では、「公共事業関係費」は６・１兆円で、一般会計歳出予算全体の約５・４％を占めている。

公共事業関係費が最も多かったのは、１９９７（平成９）年度の約９・７兆円で、一般会計歳出予算の約12・６％を占めていた（ただし、予算に占める割合は昭和の時代の方が高かった）。その後、公共事業は、国民生活の水準向上に直結することが重視され、費用対効果に対しても、厳しい目が向けられたことや、一定の社会資本整備が進んだことなどから、徐々に抑えられていった。また２００９年９月から２０１２年11月まで続いた民主党政権下では、「コンクリートから人へ」という理念のもと、公共事業関係費は大幅な削減になった。一方で、２０１０（平成22）年度には公共事業関係費の内訳として、新たに「社会資本総合整備事業」が作られ、国土交通省所管の地方公共団体向け個別補助金を原則的に一つの交付金に集約し、地方公共団体にとって自由度が高く利用できる「社会資本整備総合交付金」が創設された。同じ趣旨で、社会資本総合整備事業のもと、２０１２年度には

「防災・安全交付金」が創設されている。

近年でも公共事業関係費は微減傾向が続いている。しかし集中豪雨による水害や地震被害の軽減、国土の構造を強くする観点、また災害発生時に交通やライフラインの一部損壊が全体の機能不全につながらないよう、あらかじめ多重化した予備の手段を用意しておく（リダンダンシー）という観点から、公共事業の重要性が改めて見直されている。

（3）公共事業関係費を構成する各事業の内容

社会資本の整備には莫大な費用と長い時間がかかり、維持管理も長期に及ぶため、事業ごとに長期的な計画に基づいて整備が進められている。

①治山治水対策事業費

治水・治山・海岸の3つの事業から構成される。豪雨や河川の氾濫、土砂崩れ、津波、高潮からの被害を防ぐための堤防、ダム、保安林、護岸、防波堤などの工事が挙げられる。自然災害を防止する観点からは重要な事業だが、コンクリートによる造成工事は、環境に対する影響も大きい。

②道路整備事業費

我々の生活に最も身近な公共事業であり、公共事業関係費の中で最大の費目である。道路や橋の建設だけでなく、改修や修繕によって長寿命化の取組が進められている。

③港湾空港鉄道等整備事業費

文字通り、港や空港、通勤通学のための都市・幹線鉄道整備のための事業費である。整備新幹線の事業費もここに計上される。なお現在建設が進むリニア中央新幹線はＪＲ東海による民間プロジェクトなので、公共事業関係費としての支出はない。ただし政府は建設を支援するために、財政投融資を通じて、長期・固定・低利の融資を行っている。

④住宅都市環境整備事業費

地方公共団体が行う公営住宅の整備や都市機能のコンパクト化、通学路の安全対策に充てられる費用である。

⑤公園水道廃棄物処理等施設整備費

水道・下水道・工業用水道の整備、ごみ焼却場、国営公園、自然公園の整備、維持に充てられる費用である。

コラム7　公園は2種類ある

意外に思うかもしれないが、公園は2種類あり、営造物公園と地域制公園とに大別される。

営造物公園は都市公園法に基づき、国や地方公共団体が土地を取得し、レクリエーションや運動などの目的に応じて作り上げられる公園である。国営公園（昭和記念公園や海の中道海浜公園等）や総合公園、運動公園、住区基幹公園（住宅街の児童公園はここに含まれる）などがその例である。

一方、地域制公園は自然公園法に基づき、国や地方公共団体が一定区域を公園として指定し、土地利用の制限や一定の行為を禁止・制限することによって自然景観を守ることを目的としている。国立公園や国定公園がその代表例である。

国立公園の例としては、世界自然遺産にも登録されている知床国立公園や、北アルプス一帯の中部山岳国立公園等がある。

また国定公園は国立公園に準じる自然景勝地であり、例としては、蔵王国定公園や琵琶湖国定公園等がある。

⑥農林水産基盤整備事業費
　農地やかんがいの整備、森林整備や間伐の実施、漁港・漁場の整備などの事業であり、費用の7割以上は農林水産省が支出している。ただし、農地・かんがい整備でも、離島振興事業として実施される場合は、国土交通省の補助事業として実施されている。
⑦社会資本総合整備事業費
　地方公共団体が作成する「社会資本総合整備計画」に基づき、地域の取組を支援するための交付金である。
⑧推進費等
　地方公共団体が実施する地方創生基盤整備事業を支援するための交付金、防災・減災対策などのため、年度の途中に、必要に応じて機動的に予算措置を可能とする費用である。
⑨災害復旧等事業費
　前年度以前の災害の復旧事業に充てる費用、および当年度の災害発生を見込んで計上する事業費である。

(4)公共事業関係費の内訳
公共事業関係費の内訳は、先述のとおり、2010年度より社会資本総合整備事業が新

[**図表2-15**] 公共事業関係費の内訳の推移

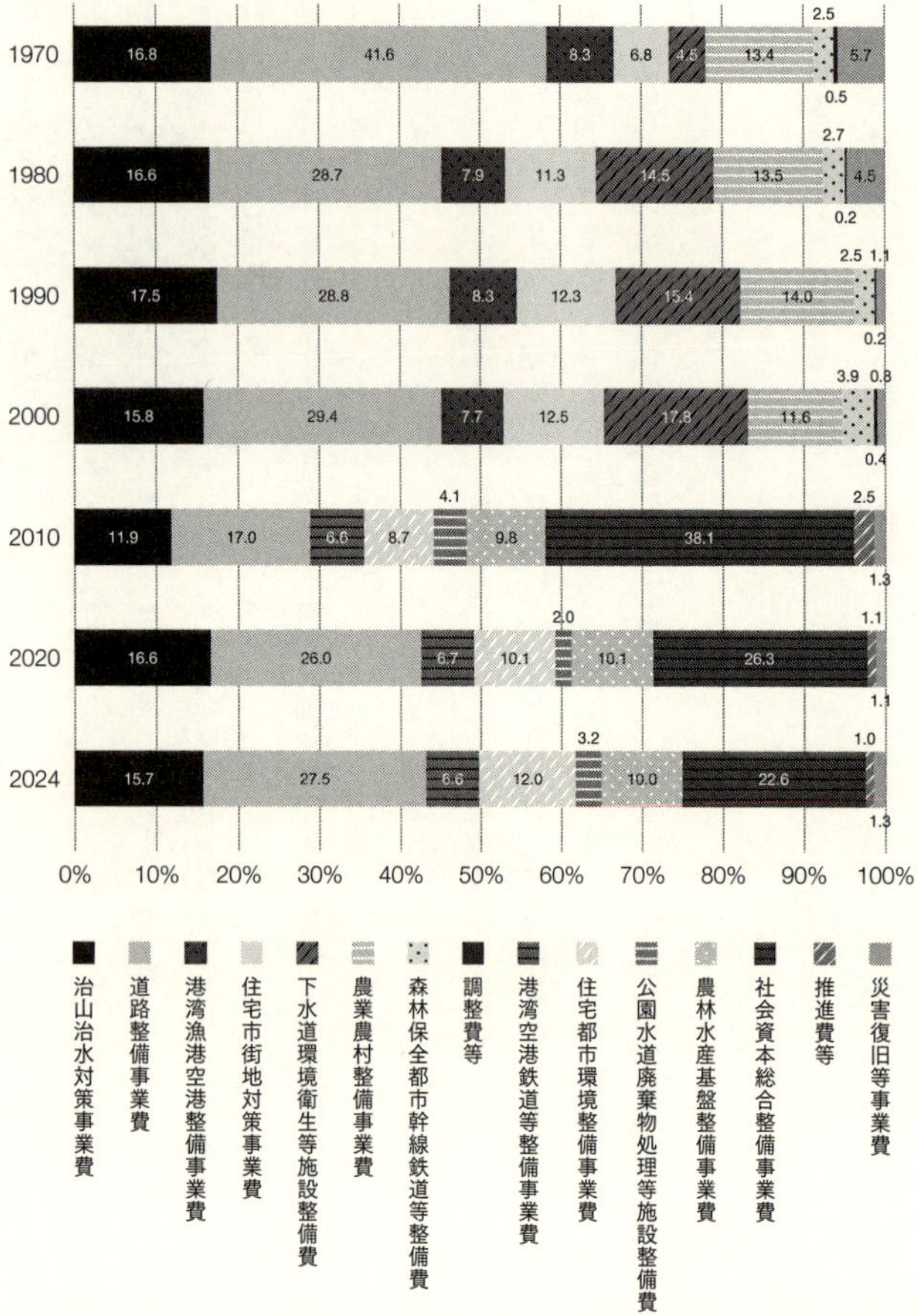

財務省『財政統計』より

設されたため、時系列での比較は難しい。そこで、事業区分に大きな変化が無かった（ただし、事業名の変更は行われていた）2000年度までと、2010年度以降の公共事業関係費の内訳を比較してみよう。

2000年度までを見ると、シェアは減らしつつも、「道路整備事業費」が公共事業関係費の最大項目である。またこの時期、「下水道環境衛生等施設整備費」の割合が年々伸びていることが分かる。一方、2024年度の公共事業関係費約6・1兆円のうち、最大項目は、道路整備事業費の1・7兆円である。したがって、過去50年間で見ても、道路整備事業が公共事業費の中で最も大きい傾向は変わらない、といえる。ただし2010年度以降に社会資本総合整備事業が新設され、その事業費は、道路整備事業費を上回る年度が増えていることも分かる。

2024年度の公共事業関係費の内訳は、道路整備事業費が1・7兆円で最も多く、以下、社会資本総合整備事業費、治山治水対策事業費、住宅都市環境整備事業費、農林水産基盤整備事業費の順となっている。

また公共事業関係費を省庁別に見ると、総額約6・1兆円のうち、その約88％に当たる5・4兆円を国土交通省が支出している。次いで、農林水産省の5233億円（8・6％）、内閣府の1515億円（2・5％）の順である。内閣府が所管する公共事業関係費は、そ

［図表2-16］内訳別・公共事業関係費の所管省庁別予算（2024年度）

単位：10億円

	内閣府	農林水産省	経済産業省	国土交通省	環境省	総計
公共事業関係費 計	151.5	523.3	2.0	5,360.5	45.4	6,082.8
治山治水対策事業費	5.2	62.1		887.5		954.8
道路整備事業費	36.1			1,635.4		1,671.5
港湾空港鉄道等整備事業費	16.3			387.5		403.7
住宅都市環境整備事業費	7.4			722.9		730.3
公園水道廃棄物処理等施設整備費	9.3		2.0	140.1	45.4	196.8
農林水産基盤整備事業費	18.2	441.0		148.8		608.0
社会資本総合整備事業費	16.7			1,360.4		1,377.1
推進費等	42.4			19.9		62.3
災害復旧等事業費	0.0	20.2		58.0	0.0	78.2

［図表2-17］公共事業関係費の使途

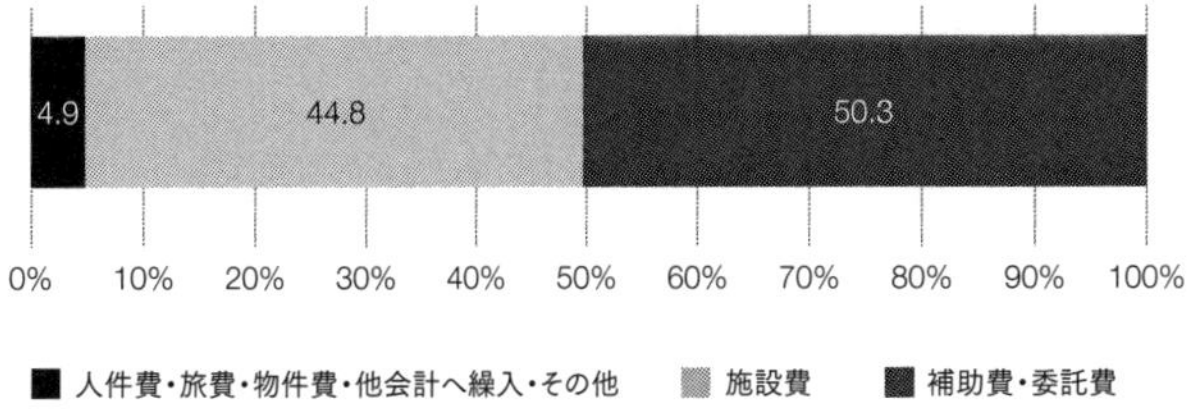

の多くが沖縄県での公共事業に充てられ、沖縄県内の道路や港の整備の他、焼失した首里城の再建にも充てられている。また意外なところでは経済産業省も公共事業関係費を計上しているが、その全額は地方公共団体が行う工業用水道事業に対する補助である。

（5）予算配分上の特徴

公共事業関係費を使途別分類で見てみると、50・3％が補助費・委託費、44・8％が施設費となっており、この2つの使途で95％以上を占めている。つまり公共事業は、国から地方公共団体に補助金を交付する補助事業が多い、という特徴を持っている。一方、建物や設備の新設、大規模改修などに相当する「施設費」が多い、というのは公共事業関係費ならではの使途である。

なお公共事業関係費は、使途としてかつては「他会計への繰入れ」が約半分を占めていた。すなわち「社会資本整備事業特別会計」への繰入れを通じて、公共事業を執行する割合が高かったのだが、特別会計改革により、同特別会計は2014年度に廃止され、一般会計と統合されている。それと入れ替わる形で、「施設費」が多く計上されるようになった。

8 経済協力費――外国を支援するためのお金

(1)経済協力費とは?

日本が諸外国に対して経済協力を行うための費用のこと。2024年度においては5041億円が計上されている。1997年度の1・1兆円をピークに減少に転じ、近年は5000億円程度の規模で推移している。

日本の財政状況は厳しく、また社会保障や教育、公共事業などに多額のお金が必要な状況にあるが、世界には多くの人々が貧困や飢餓に苦しみ、深刻な事態になっている国がある。こうした国々の生活環境を改善するため、国際社会が協力して援助を行っている。開発途上国の生活環境改善などが第一の目的ではあるが、他の主要国が多額の政府による支援を行う中で日本の国際的地位の維持・向上、将来的な日本企業の市場開拓など、日本に

[**図表2-18**]経済協力費の推移

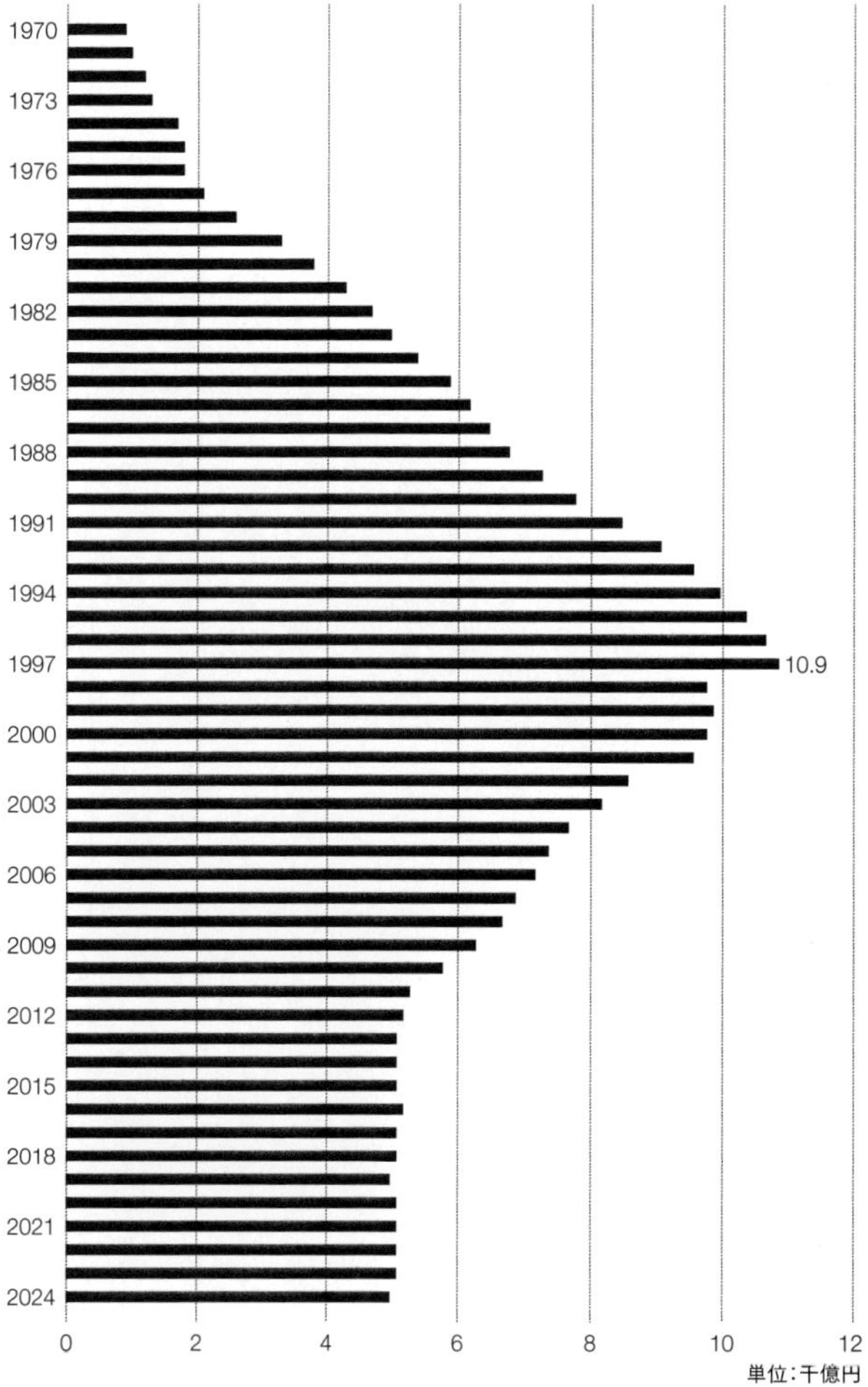

財務省『財政統計』より

とってもメリットはある。

経済協力費と似たものとして、政府開発援助（Official Development Assistance; ODA）がある。ODAは開発途上国の経済開発や福祉の向上を目的とし、贈与や技術協力などの直接的な援助や、国際機関への資金提供を行っている。

国税庁のホームページ「国の財政　歳出　～経済協力費～」の説明では、2024年度の経済協力費は5041億円、ODA予算は5650億円と記されているが、なぜ異なるのかなどの説明はない。

経済協力費5041億円のうち政府開発援助に該当しない歳出は393億円のみである。返済の必要がない無償資金協力・技術協力（JICA運営費交付金等）・低金利で貸し付ける円借款等についてはいずれも政府開発援助にも含まれている。経済協力費に含まれるが、政府開発援助に含まれない項目としては、開発途上国の支援などを目的としない国際機関への分担金・拠出金、日本への留学生に対する支援金などが挙げられる。

逆に、政府開発援助には含まれるが、経済協力費に含まれない歳出は1001億円となっている。この中には、環境、エネルギー、情報通信分野など経済協力を目的としない国際機関への分担金・拠出金などが含まれる。

なおODAの定義は、経済協力開発機構（OECD）が決めており、主要経費分類にお

［**図表2-19**］経済協力費と政府開発援助の関係（2024年度）

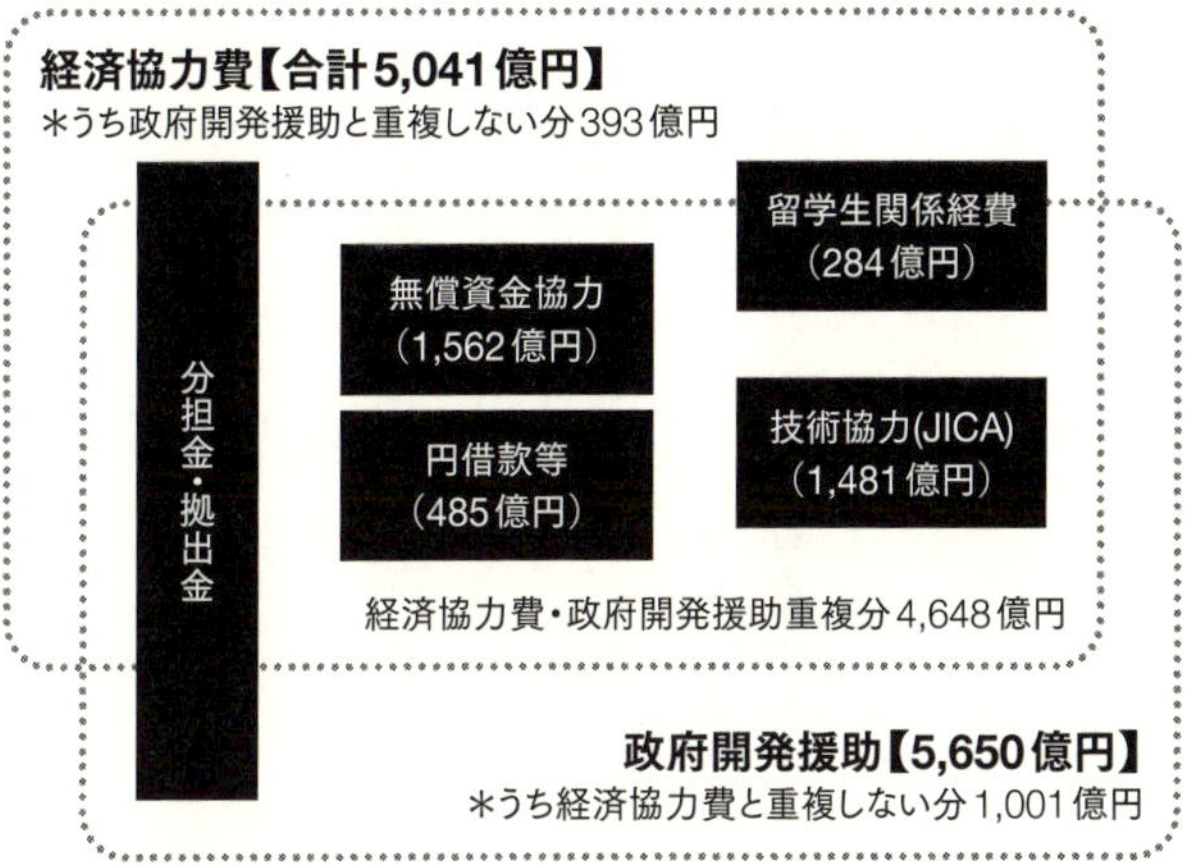

いてＯＤＡかどうか区別されているわけではない。ただし予算書上では「項」の説明として「政府開発援助」と明記されているため、別途集計が可能となっている。

（２）経済協力費の内訳

２０２４年度の経済協力費の総額は、５０４１億円で、一般会計の０・４％を占めている。経済協力費の省庁別の内訳をみると、外務省が３７８９億円と全体の75・２％を占め、次いで財務省が８３４億円と全体の16・６％を占めている。他に、文部科学省２８４億円（５・６％）、厚生労働省82億円（１・６％）、経済産業省50億円（１・０％）、内閣府２億円（０・０４％）の４省庁が計上している。

経済協力費を構成する主な項目をみると、無償資金協力が1562億円、技術協力（JICA）が1481億円と、この2つで60・4%を占める。無償資金協力は、開発途上国の経済開発援助や海外における災害緊急援助などであり、援助国に返済義務はない。技術協力は、開発途上国の人材育成や制度・政策環境の構築のためにJICAなどが実施する専門家派遣や研修員受入れである。これらはいずれも外務省所管である。

3番目に多い項目は、多国間の途上国支援を実施する機関に対する資金協力（分担金・拠出金）であり、1159億円と23・0%を占める。分担金・拠出金は所管組織の予算に計上されるが、所管組織は、拠出先の国際機関によって異なる。たとえば国際連合は外務省、アジア開発銀行は財務省、世界保健機関は厚生労働省の所管となっている。

続いて、JICAの有償資金協力部門への出資金（円借款）が485億円（9・6%）、外国人留学生関係への奨学金の給付などの留学生関係経費が284億円（5・6%）となっている。

①外務省所管分

経済協力費の大半は外務省所管分だが、前述のとおり、無償資金協力（政府開発援助経済開発等援助費）の1562億円、独立行政法人国際協力機構（JICA）運営費交付金等1

[**図表2-20**]経済協力費の内訳(2024年度)

単位:億円

	内閣府	外務省	財務省	文部科学省	厚生労働省	経済産業省	合計
無償資金協力		1,562.0					1,562.0
技術協力(JICA)		1,481.2					1,481.2
国際分担金・拠出金	1.9	719.8	345.7	0.0	81.7	9.8	1,158.9
円借款等			484.8				484.8
留学生関係経費				284.3			284.3
その他	0.1	25.9	3.9			40.0	69.9
合計	2.0	3,788.9	834.4	284.3	81.7	49.8	5,041.1

うち政府開発援助

	内閣府	外務省	財務省	文部科学省	厚生労働省	経済産業省	合計
無償資金協力		1,562.0					1,562.0
技術協力(JICA)		1,481.2					1,481.2
国際分担金・拠出金	1.9	481.0	345.7	0.0	66.4	9.8	904.8
円借款等			484.8				484.8
留学生関係経費				146.0			146.0
その他	0.1	25.6	3.9			39.9	69.5
合計	2.0	3,549.9	834.4	146.0	66.4	49.7	4,648.4

481億円が大きな比重を占めている。

それ以外に様々な国際機関への分担金・拠出金が計上されている。外務省の所管としては、国際連合、国際連合開発計画、国際連合食糧農業機関などが挙げられる。

②財務省所管分

財務省所管分は834億円であるが、そのうち大部分をJICAの有償資金協力部門への出資金485億円と、アジア開発銀行などへの出資金346億円が占めている。有償資金協力は、開発途上国に対して金利、償還期間などが緩やかな条件で融資するものである。JICAが2024年度に実施する有償資金協力は、一般会計からの485億円のほか、これまでの貸付金の返済や財政投融資特別会計等からの繰入れもなされ、これらの合計は2・3兆円の規模となっている

③文部科学省所管分

文部科学省所管分は外国人留学生に対する給与や授業料、旅費など合わせて284億円が充てられている。

[**図表2-21**] 中小企業の定義

業種	中小企業 資本金または従業員		うち小規模事業者 従業員
製造業・その他	3億円以下	300人以下	20人以下
卸売業	1億円以下	100人以下	5人以下
サービス業	5,000万円以下	100人以下	5人以下
小売業	5,000万円以下	50人以下	5人以下

9 中小企業対策費――中小企業支援のためのお金

(1) 中小企業対策費とは？

全事業所数のうち99・7％(約357・8万者)、全従業者数の68・8％(約3635万人)を占める重要な存在である中小企業の支援を行うための経費。[*8] たとえば新型コロナウイルス感染症が拡大する中で、中小企業などの事業継続支援のために実施された中小企業等持続化給付金や、大企業と比較して資金繰りに課題を抱えやすい中小企業への融資などを実施する日本政策金融公庫への資金の拠出などが該当する。

中小企業は中小企業基本法において図表2－21のとおり定義されている。

＊8……中小企業庁「中小企業白書・小規模企業白書　2023年版」

[図表2-22] 中小企業対策費≒緊急対策費（経済ショックで予算額は跳ね上がる）

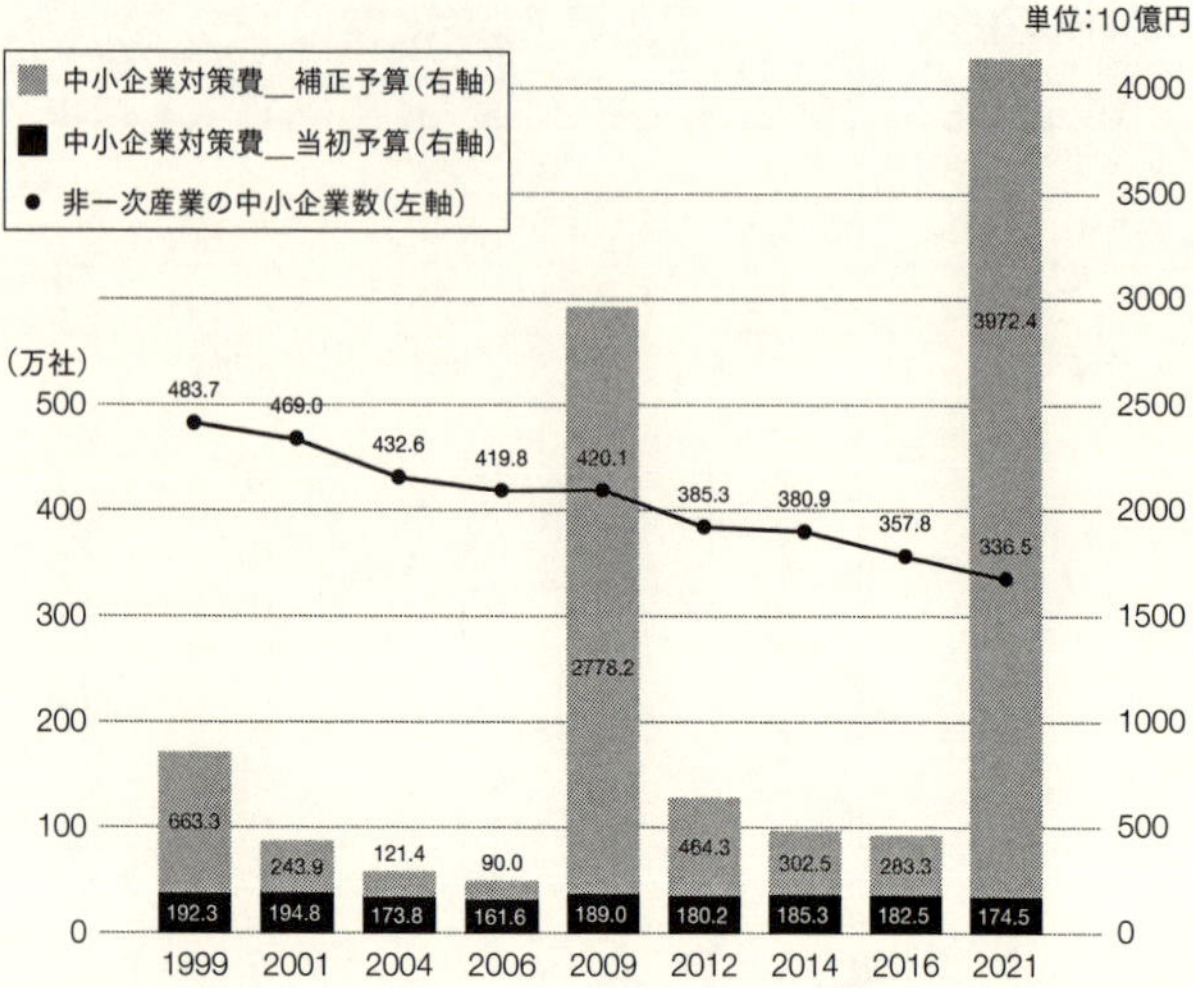

『財政統計』『経済センサス』等より

（2）中小企業対策費の推移

２０２４年度の一般会計歳出の当初予算では、「中小企業対策費」は１６９３・２億円。一般会計歳出予算全体の約０・２％を占めている。

中小企業対策費は１９８２年の２４９８・１億円で最も多く、その後は増減を繰り返しながらおおむね減少傾向で推移している。なお中小企業対策費は社会経済情勢の変化などを受けた緊急的な対応として、補正予算で大幅増額される場合が少なくない。たとえば２０２２年には新型コロナウイルス感染症への緊急対応として26兆円、２００９年にはリーマン・ショックへの対応として２・８兆円、２０１１年には

［**図表2-23**］中小企業対策の所管省庁別予算（2024年度）

単位：10億円

財務省	厚生労働省	経済産業省（中小企業庁を含む）	総計
60.3	0.8	108.2	169.3

［**図表2-24**］中小企業対策費の使途（2024年度）

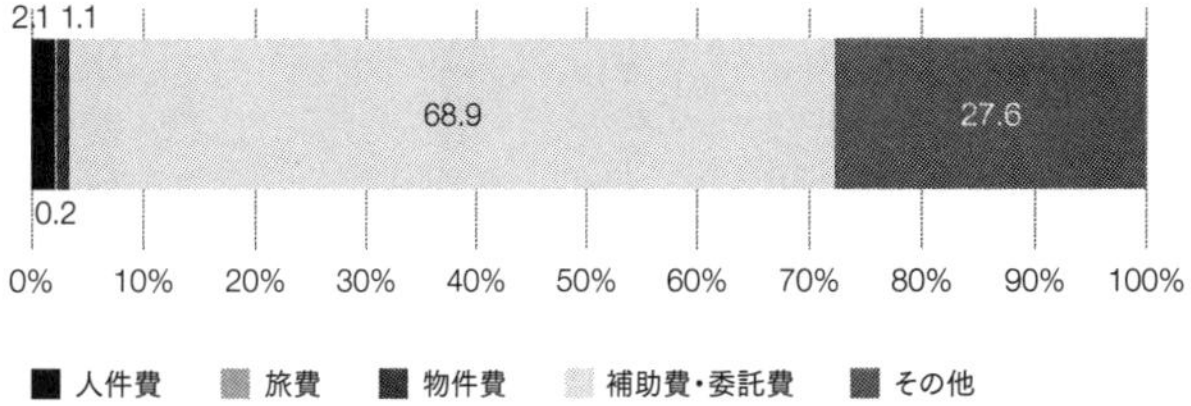

東日本大震災への対応として２兆円が補正予算として計上されている。

（３）中小企業対策費の内訳

２０２４年度一般会計当初予算は１６９３・２億円であり、４つの省庁・11の事項で構成されている。財務省は小規模事業者や個人事業主への金融的支援などの政策金融費として６０３億円（35・６％）、厚生労働省は中小企業最低賃金引上げ支援対策費として８億円（０・５％）、経済産業省は情報処理・サービス・製造産業振興費の92億円（５・５％）などの合計２０４億円（12・０％）、中小企業庁は中小企業政策推進費の６３９億円（37・７％）や国の中小企業政策の実施機関である独立行政法人中小企業基盤整備機構の運営費２２０億円（13・０％）など合計８７９億円（51・９％）となっている。

（4）予算配分上の特徴

中小企業対策費を使途別分類で見てみると、68・9％が補助費・委託費、27・6％がその他、3・5％が人件費・旅費・物件費、施設や他会計への繰入れは0となっている。

10 エネルギー対策費――電気や原子力・脱炭素などのお金

（1）エネルギー対策費とは？

人々の暮らしに直結する電気などのエネルギーを、長期的・安定的に供給するための予算。日本は化石燃料のほぼ全量を輸入に依存しており、安定的なエネルギー確保が重要である。近年では気候対策の必要性が高まっており、脱炭素化を進めるためにも重要な予算となっている。

エネルギー対策費の大部分は特別会計への繰入れとなっており、純粋に一般会計として使用される額は、全体の約5％の430億円ほどに過ぎない。一般会計として使用される歳出の使途はすべて、補助費・委託費である。内訳は、外務省による国際原子力機関（I

［**図表2-25**］内訳別・エネルギー対策費の所管省庁別予算（2024年度）

単位：10億円

	内閣府	外務省	文部科学省	経済産業省	環境省	合計
エネルギー対策費	10.0	5.7	145.3	511.5	160.4	832.9

［**図表2-26**］エネルギー対策費の使途（2024年度）

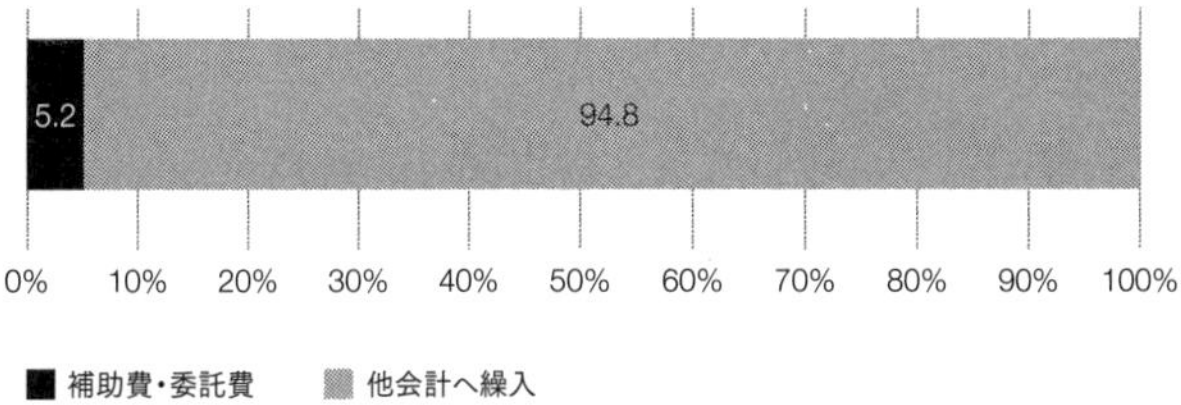

ＡＥＡ）への分担金及び拠出金と、文部科学省の国立研究開発法人日本原子力研究開発機構一般勘定運営費交付金への支出となっている。いずれも原子力発電に関連する機関への支出である。

一般会計として使用される額を除いた分はすべてエネルギー対策特別会計に繰入れられている。特別会計の詳細については、第３部で解説する。

（２）エネルギー対策費の内訳

２０２４年度のエネルギー対策費を省庁別に見ると、総額約８３２９億円のうち、その約61％に当たる５１１５億円を経済産業省が支出している。次いで、環境省の１６０４億円（19・３％）、文部科学省の１４５３億円（17・４％）の順である。

（3）予算配分上の特徴

エネルギー対策費を使途別分類で見てみると、5・2%が補助費・委託費、94・8%が他会計への繰入れとなっている。前述したとおり、純粋に一般会計として使用される額は全体の約5%ほどであり、その支出もすべて補助費・委託費として別の機関に交付されるようになっている。

コラム8　再生可能エネルギーの活用は進むか

近年、再生可能エネルギーの活用が叫ばれている。現在、主に使われている化石燃料は限りのある資源であり将来的に枯渇していくことが懸念されている。また化石燃料は、燃焼の際に温室効果ガスを発生させ地球温暖化にもつながっているとされている。

一方で再生可能エネルギーはその名のとおり、再生可能で将来的に繰り返し活用できる特徴がある。また地球環境に与える負荷も比較的低いとされている。そのため、持続可能性や地球環境を考える上で、再生可能エネルギーの活用は重要である。ただ、現在日本では化石燃料（天然ガス、石炭、石油等）による発電の割合が最も多く70％以上を占めており、再生可能エネルギー（水力発電を除く）は全体の14％ほど、水力は8％ほどとなっている。そのため、再生可能エネルギーはまだまだ化石燃料に比べて存在感が弱いといえるだろう。

再生可能エネルギーの活用を進めるためには、太陽光パネルの設置などにより発電量を増やすことが必要となる。ただそれだけでは十分でなく、発電量の調整の仕組みも重要となってくる。たとえば曇りの日には太陽光発電ができないなど、再生可能エネルギーは季節や天候によって発電量が変動するという特徴を持つ。そのため、再生可能エネルギーの利用が増加すると電力の需要と供給のバランスが悪くなってしまう可能性がある。

一つの解決策として市場の原理を活用して需要と供給の調整をするディマンド・リスポンスという仕組みがある。この仕組みは、需要が供給を上回っているときに電気料金を高くしたり、対価の提示によって節電を要請し電力量を抑えたりして、発電量や供給量を計画的に調整する。再生可能エネルギーの活用を進めていくためには、このような賢い運用が必要だろう。

それ以外にも、複数の発電方法を併用してそれぞれの欠点を補い合うエネルギーミックスという考え方も重要になってくる。

11　食料安定供給関係費――食べ物をいつでも買えるようにするためのお金

（1）食料安定供給関係費とは？

食料を安定供給するための経費。たとえば、コロナ禍において外食を促すために実施された「Go To Eatキャンペーン」や、シカやイノシシなどの野生動物による農作物被害を防ぐための取組、「農泊」（農山漁村滞在型旅行のこと）の推進や農産物加工・販売施設の整備などの農山漁村活性化に向けた支援、新たに農業を始める人に対する補助金、意欲ある農業者の経営規模の拡大に向けた支援、林業や水産業への支援などがある。

農業従事者の高齢化や新規就農者の不足、耕作放棄地の増加、ウクライナ問題や石油価格の高騰に伴う食品価格の高騰など、食料安定供給を取り巻く環境は厳しさを増しており、安定的・持続的な食料提供に向けて様々な取組が実施されている。

（2）食料安定供給関係費の推移

２０２４年度の一般会計歳出の当初予算では、「食料安定供給関係費」は１・３兆円。一般会計歳出予算全体の約１・１％を占めている。

食料安定供給関係費という名称は2001年から使用されており、2000年までは主要食糧関係費、1995年までは食糧管理費という名称であった。米の流通・価格を政府が管理する食糧管理法が1995年に廃止されて民間に委ねられるようになり、政府の役割を緊急時に向けた備蓄などに限定した食糧需給価格安定法が施行された。1999年7月には（1）食料の安定供給の確保、（2）農業の有する多面的機能の発揮、（3）農業の持続的な発展と（4）その基盤としての農村の振興を理念として掲げる食料・農業・農村基本法が制定された。食料安定供給関係費は食料・農業・農村基本法の理念を実現するための経費という位置づけだ。

2000年までの主要食糧関係費では2000億円台で推移していた。食料安定供給関係費となってからは対象とする領域が拡大したため、6000億円を上回る水準で推移しており、2010年には1・1兆円と初めて1兆円を上回った。2018年には9924億円と1兆円を下回ったが、新型コロナウイルス感染症拡大後の2021年には1・3兆円と再び1兆円を上回り、2024年にも1・3兆円となっている。

（3）食料安定供給関係費の内訳

2024年度一般会計当初予算は1・3兆円であり、24の事項で構成されている。「国

[図表2-27]食料安定供給関係費の使途

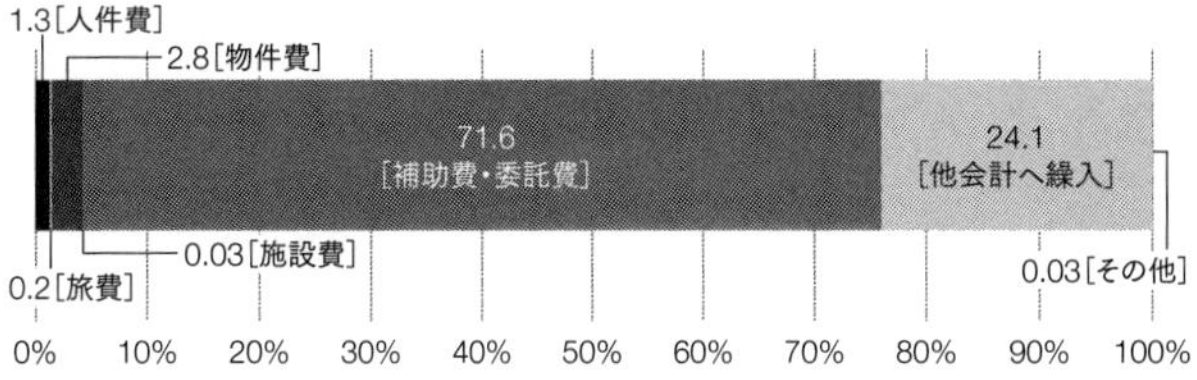

産農産物生産基盤強化等対策費」が4247億円（33・7％）で最も大きく、次いで「食料安全保障確立対策費」が3258億円（25・8％）、「担い手育成・確保等対策費」が1823億円（14・5％）、「農村整備推進対策費」が775億円（6・1％）と続いている。

また食料安定供給関係費を省庁別に見ると、総額1・3兆円の全てを農林水産省が支出している。なお農林水産省は食料安定供給関係費のみを支出しているのではなく、科学技術振興費や公共事業関係費（治山治水対策事業費・道路整備事業費）や災害復旧等事業費なども支出している。

（4）予算配分上の特徴

食料安定供給関係費を使途別分類で見てみると、71・6％が補助費・委託費、24・1％が他会計への繰入れ、4・2％が人件費・旅費・物件費、0・1％が施設費・その他となっている。食料安定供給関係費は農林水産省から地方公共団体や事務局などを通じた農家への補助事業が多くなっている。

12　その他の事項経費──裁判所・警察庁・金融庁など幅広い分野のためのお金

(1)その他の事項経費とは?

国の一般会計のうち、主要経費に分類されないものは「その他の事項経費」に区分されている。2024年度の一般会計では約5・7兆円が計上され、「中小企業対策費」や「エネルギー対策費」をはるかに上回り、「文教及び科学振興費」をもわずかに上回り、「公共事業関係費」に匹敵する大きさとなっていて、一般会計予算の5・1%を占めている。

「その他の事項経費」は、防衛省以外のすべての省庁が計上しているが、中でも、裁判所、会計検査院、デジタル庁、法務省などは、省庁予算のすべてが「その他の事項経費」となっている。これは各省庁の業務がこれまでに述べてきた主要経費に当てはまらないためで、「その他の事項経費」だからといって、重要度が低いわけではない。ただしどのような経

［**図表2-28**］その他の事項経費の使途別内訳（2024年度）

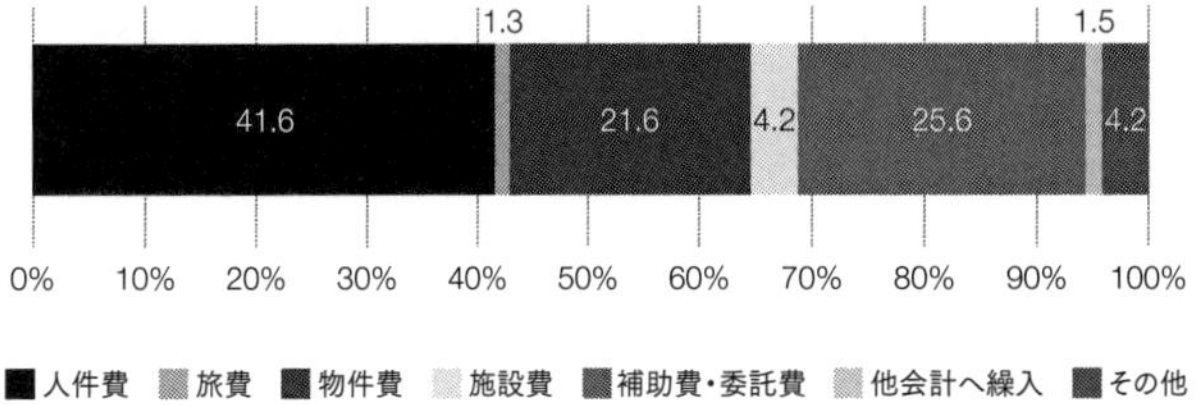

費が「その他の事項経費」に含まれるのかについて、明確な基準は無いようである。

「その他の事項経費」には、省庁職員の人件費が含まれることが多いため、使途としては、「人件費」が41・6％、「補助費・委託費」が25・6％、「物件費」が21・6％となっており、この3つの使途で9割弱を占めている。

（2）その他の事項経費にも重要な政策は含まれている

前節では、「その他の事項経費」だからといって、重要度が低いわけではない、と述べた。たとえば法務省や裁判所は、組織の予算がすべて「その他の事項経費」に計上されており、内閣府では、所管している公正取引委員会や金融庁、警察庁、消費者庁などの組織運営や政策遂行に関するすべてまたは大部分の経費を「その他の事項経費」に計上している。財務省でも、所管する財務局や税関、国税庁（税務署）の業務に関するすべてまたは大部分の経費を「その他の事項経費」に計上している。つまり司法や金融政策、治安対策、消費者行政、税務行政など、国民の生活にとって不可欠ともいえる政策の大部分は、予算上は主要経費ではなく、「その他の事項経費」として遂行されている。

また前節では、どのような経費が「その他の事項経費」に含まれるのかについて、明確な基準は無いようである、とも述べた。たとえば内閣では、「情報収集衛星システム[*9]の研究開発に必要な経費」は「科学技術振興費」に計上されている一方、「情報収集衛星システム開発等に必要な経費」は「その他の事項経費」に計上されている。予算の内容から、いずれも「科学技術振興費」に区分してもよさそうに見える。前者は民間団体などへの委託が意図されているが、後者の使途にどのような意図があるのか、予算書だけでは読み取れない。

厚生労働省では、「国際協力の推進に必要な経費」（予算書上での説明には、「二国間等の国際協力事業の民間団体等への委託等」と書かれている）を「その他の事項経費」に計上しているが、これも予算内容から判断すれば主要経費の「経済協力費」に区分しても良さそうに見える。

13 予備費――予想外の出費に備えるためのお金

「予備費」とは、地震や自然災害など予想しづらい予算不足のための費用として計上されている財源で、憲法第87条の規定に基づいた制度。[*10] 国会の議決を受けずに、内閣が緊急時に機動的に支出を決定できる一方、事後的には国会の承認を受けなければならない。近年では、毎年度の当初予算に５０００億円が計上されている（２０１８〔平成30〕年度以前は、３５００億円）。

なお通常の予備費とは別に、使途を限定した「特定目的予備費」が計上される場合もある。近年における特定目的予備費としては、「新型コロナウイルス感染症対策予備費」、

＊９……外交・防衛などの安全保障や大規模災害への対応など、危機管理に必要な情報収集を目的とした内閣官房が運用している衛星システム。

＊10……日本国憲法第87条
第１項　予見し難い予算の不足に充てるため、国会の議決に基いて予備費を設け、内閣の責任でこれを支出することができる。
第２項　すべて予備費の支出については、内閣は、事後に国会の承諾を得なければならない。

「ウクライナ情勢に伴う経済危機対応関連予備費」（名称はいずれも略称）が挙げられる。

うち「新型コロナウイルス感染症対策予備費」は、２０２１年度は単独で計上されたが、２０２２年度と２０２３年度は原油高・物価高対応と合わせ、「新型コロナウイルス感染症及び原油価格・物価高騰対策予備費」として計上され、２０２４年度に計上されなくなった（ただし原油高・物価高対応の予備費は、「原油価格・物価高騰対策及び賃上げ促進環境整備対応予備費」として計上）。

また「ウクライナ情勢に伴う経済危機対応関連予備費」は、２０２２年度、２０２３年度に計上されていたが、２０２４年度は当初予算では計上されていない。

なお予備費は、すべて財務省が所管し、使途分類も「その他」となっている。

第3部

特別会計

特別会計の特徴は、使用目的ごとに会計が作られていることである。第3部では、13個ある特別会計の特徴を見ていく。

1 交付税及び譲与税配付金特別会計——地方のためのお金をまとめた会計

地方交付税交付金、地方特例交付金、交通安全対策特別交付金といった各種交付金、そして地方譲与税譲与金の交付に関する経理を明確にするために設けられている特別会計である。

地方交付税交付金とは、地域によって財源の格差が大きくならないように、国から地方公共団体へ配分される予算である。地方交付税交付金については、一般会計の「地方交付税交付金」で紹介をしているため、ここでの説明は割愛する。

地方特例交付金とは、個人の住民税における住宅借入金等特別控除（いわゆる「住宅ローン減税」）による減収額を補てんするため、国から地方公共団体に交付される予算である。

交通安全対策特別交付金とは、交通事故を防止するための施設整備費の財源として地方

[**図表3-1**]交付税及び譲与税配布金特別会計のお金の流れ

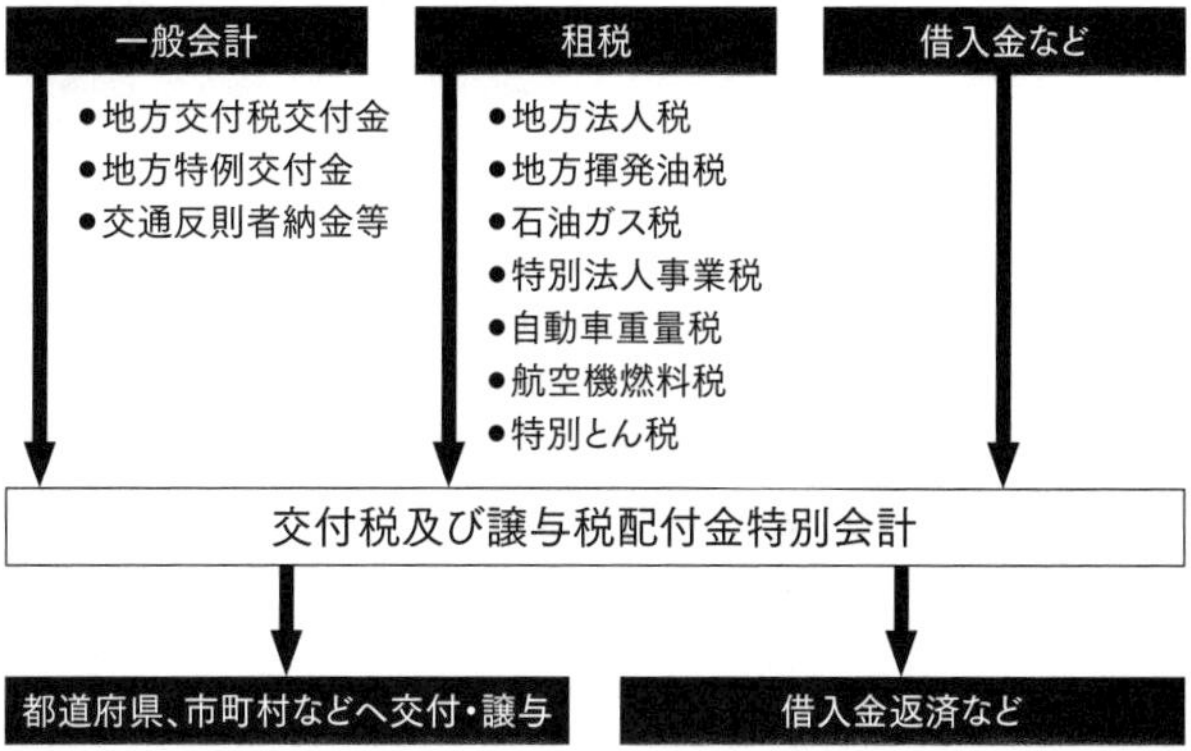

財務省『特別会計ガイドブック』より

公共団体に交付される予算。具体的には、信号機、道路標識、横断歩道橋などの設置及び管理に使用される。

地方譲与税譲与金とは、地方揮発油税、石油ガス税、特別法人事業税、自動車重量税、森林環境税、航空機燃料税及び特別とん税[*1]の収入の全部又は一部を地方公共団体に譲与するための予算である。

交付税及び譲与税配付金特別会計の歳入は、他会計からの繰入れが18兆円で、租税に基づくものが4・7兆円、借入金によるものが28兆円となっている。具体的に繰入れられている会計は、一般会計、財政投融資特別会計、東日本大

＊1……外国貿易船の入港の際に、重さに応じて課される国税のこと。

[**図表3-2**]交付税及び譲与税配付金特別会計の歳入・歳出(2024年度)

単位：百万円

歳入		
合計		52,573,709
他会計より受入		18,121,778
	一般会計より受入 (地方交付税交付金、地方特例交付金、交通反則者納金等から繰り入れ)	17,834,805
	財政投融資特別会計より受入	230,000
	東日本大震災復興特別会計より受入	56,974
租税		4,689,600
	地方法人税	1,975,000
	地方揮発油税	215,900
	森林環境税	43,400
	石油ガス税	4,000
	特別法人事業税	2,121,300
	自動車重量税	304,500
	航空機燃料税	14,200
	特別とん税	11,300
借入金		28,112,295
雑収入		2
前年度剰余金受入		1,650,034

歳出	
合計	51,867,147
地方交付税交付金	18,243,909
地方特例交付金	1,132,000
交通安全対策特別交付金	48,680
地方譲与税譲与金	2,729,300
事務取扱費	266
諸支出金	283
国債整理基金特別会計へ繰入	29,710,179
予備費	2,530

震災復興特別会計の3つとなっている。また租税としては、地方法人税と特別法人事業税が大きな内訳を占めている。

歳出としては、国債整理基金特別会計への借入金返済のための支出（30兆円）が最も多く、その次に地方交付税交付金としての支出（18兆円）が多い。また地方譲与税譲与金として2・8兆円、地方特例交付金として1・1兆円、交通安全対策特別交付金として487億円が支出されている。

2　地震再保険特別会計——巨大地震に対応するための政府保険の会計

地震再保険特別会計は、民間損害保険会社が引き受けた地震保険の責任の一部を政府が再保険するもの。1964年に発生した新潟地震をきっかけとして、1966年に設置された。

地震保険は様々な損害保険会社によって販売されているが、生命保険や火災保険と異なり、保険料や保険金限度額などが同一の商品となっている。

保険契約者が民間損害保険会社に支払った保険料は、全額が日本地震再保険株式会社（法律に基づいて民間損害保険会社が出資して設立された再保険会社）に再保険がなされる。日本地震再保険株式会社から、さらに政府に対して一部が再保険されており、地震再保険特別会計において管理されている。

地震発生の際、地震1回あたりの支払保険金総額によって、官民の負担割合が定められている。このうち政府の負担する保険金は地震再保険特別会計から支出される。支払保険金総額の大きな地震、つまり損害の大きな地震が発生した場合に、政府の負担は大きくなる。逆に、損害の小さな地震については民間の負担が大きくなっており、地震再保険特別会計からの支出はごくわずかである。

（1）予算の特徴

地震再保険特別会計の予算は、歳入に再保険料収入（日本地震再保険株式会社からの収入）と雑収入が計上される。雑収入とは、地震再保険特別会計が持っている積立金の運用収益である。歳出には、地震再保険特別会計の運営にあたって必要となる事務取扱費がごくわずかに計上されているほかは、歳入とほぼ同額が再保険費として計上されている。再保険費は、地震が発生した際に日本地震再保険株式会社に支払う再保険金だが、予算作成時に、

［**図表3-3**］地震再保険特別会計のお金の流れ（2023年度）

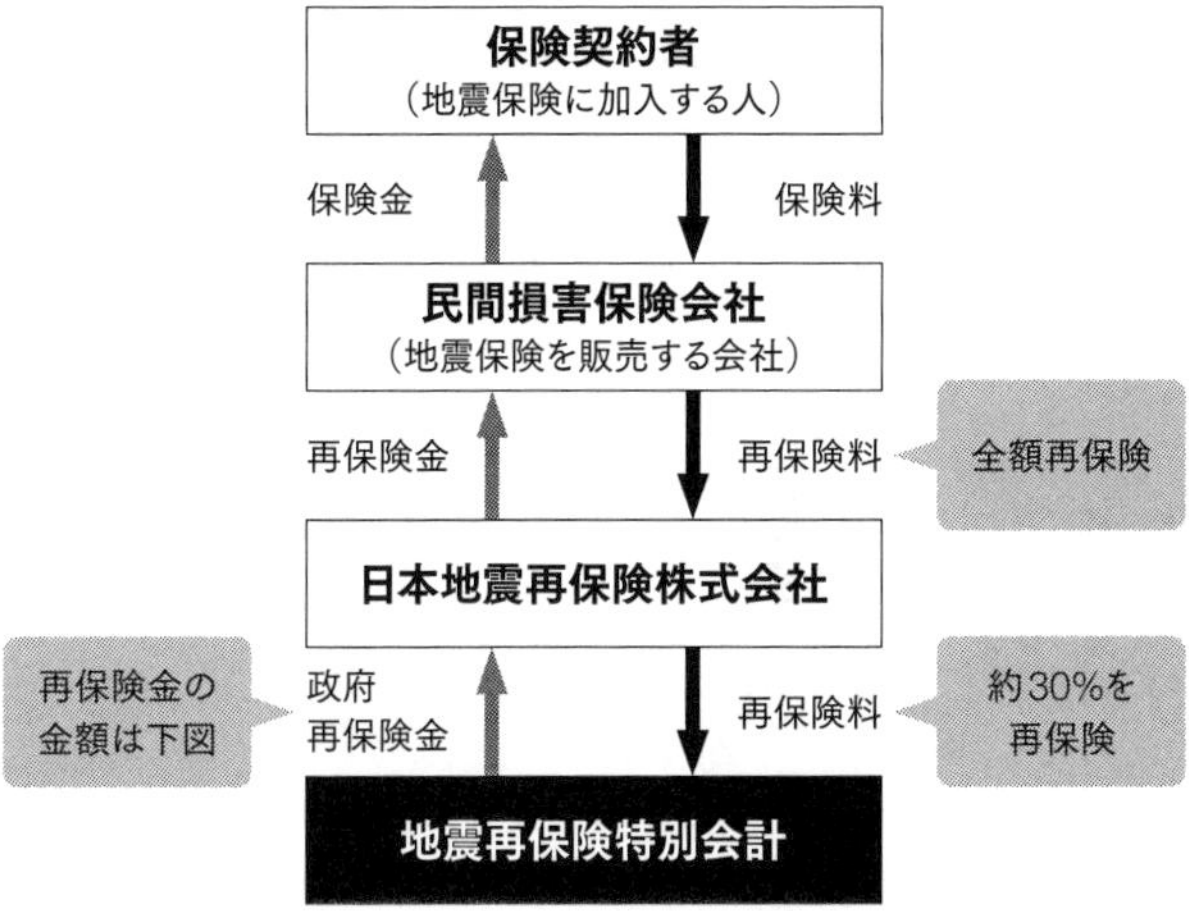

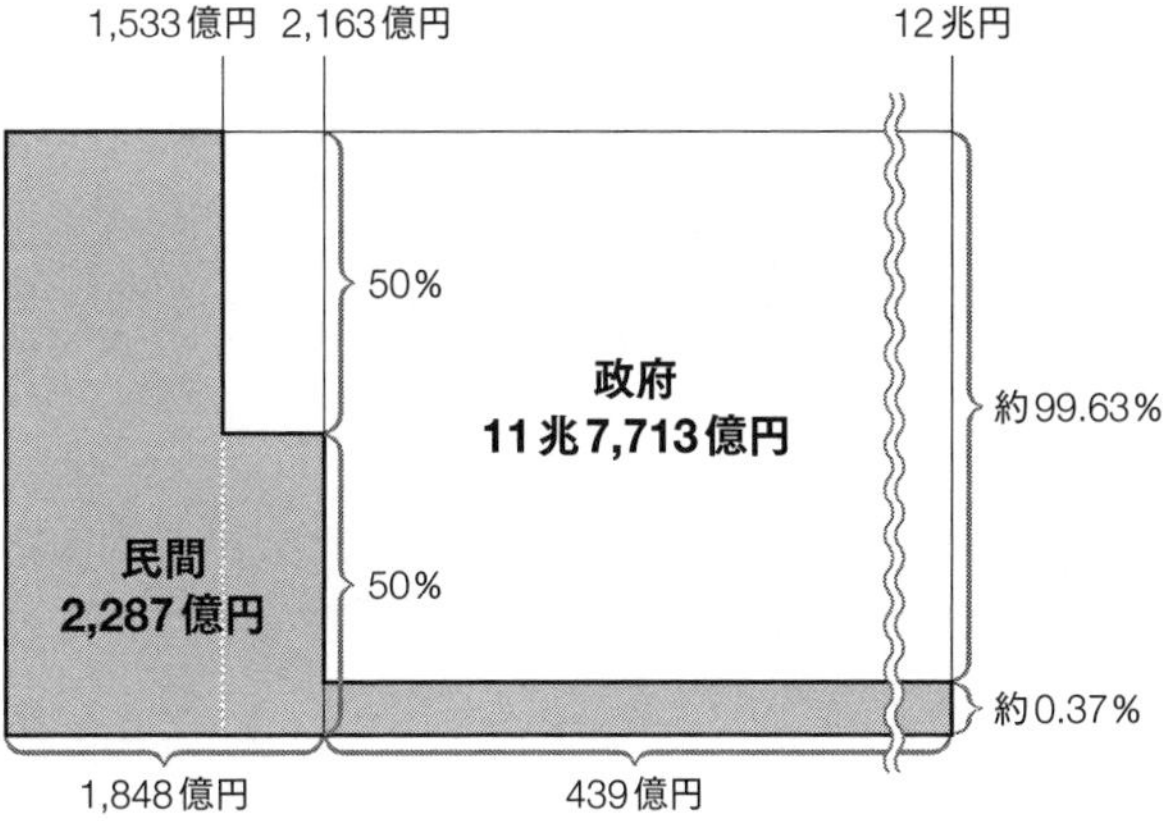

（注）下段の再保険金額は2023年度の計数

財務省『令和5年度特別会計ガイドブック』より

[**図表3-4**]2024年度当初予算の歳入・歳出

単位:百万円

歳入		歳出	
再保険料収入	82,450	再保険費	113,241
雑収入	30,878	事務取扱費	87
		予備費	0
合計	113,328	合計	113,328

次年度に発生する地震の予測は不可能であり、歳入と歳出が同額となるよう再保険料が機械的に計上されている。

そのため、歳出が予算と決算で大きく異なることがある。たとえば大規模な地震が発生しなかった2020(令和2)年度における再保険費については、当初予算では1238億円に対して、決算では39億円にとどまり、大幅な歳入超過となった。超過分は積立金に繰入れられる。

他方、東日本大震災により地震保険金の支払いが発生した2011(平成23)年度の再保険費については、当初予算では783億円に対して、決算では5402億円となっている。大幅に増加した再保険費を賄うため歳入には「積立金より受入」、つまり積立金の取り崩し分が含まれている。

(2)積立金

2024(令和6)年度当初予算において、2024年度末の積立金残高は2兆円と推計されている。積立金は大規模地震発生時の

[図表3-5] 2011年度・2020年度の当初予算及び決算の歳入・歳出

2020年度当初予算　単位：百万円

歳入		歳出	
再保険料収入	95,724	再保険費	123,808
雑収入	28,174	事務取扱費	89
		予備費	0
合計	123,898	合計	123,898

2020年度決算

歳入		歳出	
再保険料収入	93,497	再保険費	3,926
雑収入	26,332	事務取扱費	65
		予備費	0
合計	119,829	合計	3,992

2011年度当初予算

歳入		歳出	
再保険料収入	59,067	再保険費	78,346
雑収入	19,346	事務取扱費	67
		予備費	0
合計	78,413	合計	78,413

2011年度決算

歳入		歳出	
再保険料収入	72,034	再保険費	540,175
雑収入	8,993	事務取扱費	55
積立金より受入	461,829	予備費	0
合計	542,857	合計	540,231

再保険金支払に備えたものだ。地震予測は困難なため、大規模な地震が少なく、再保険金の支払いが少ない年度では、歳入歳出の決算上の剰余金が積み立てられている。

反対に、大規模な地震が発生し、再保険金の支払いが再保険料収入を上回る年、例として東日本大震災（2011年3月11日）が起こった翌財政年度に相当する2011年度などは、積立金を取り崩している。

コラム9　なぜ地震保険は政府の再保険が必要なのか

地震保険は、生命保険や火災保険などの保険と同じように損害が発生する確率は高くないものの、損害が発生した際に多額の保険金が支払われる仕組みとなっている。地震保険は、生命保険や火災保険と同じように民間の保険会社が販売しているが、地震保険だけが政府が再保険をしている。なぜ、民間の保険会社が販売する商品を政府が再保険しなくてはならないのだろうか。

もともと火災保険では、地震による火災は免責されていた。つまり地震が原因で発生した火災に対する保険金は支払われないこととなっていた。１９２３年に発生した関東大震災では、多くの家屋が火災により焼失したが、地震による火災であったために保険金が支払われず、大きな社会問題となった。

生命保険や火災保険は、多くの契約者が契約している場合、誰が事故の当事者になるのかはわからないものの、おおよその保険金の額・件数を予測できる。これは、いわゆる「大数の法則」、つまり「ある独立的に起こる事象について、それが大量に観察されればある事象の発生する確率が一定値に近づく」との法則が当てはまるためである。たとえば、１００万人の契約者がおり、それぞれの契約者が１％の確率で１年間に亡くなるケースを想定すると、誰が死ぬのかは分からないが、１年間に死亡する契約者の数は１万人に若干のプラスマイナスを加えた範囲にとどまる。そのため、支払う生命保険金として、１万人に若干のプラスを加えた人数が亡くなることを想定した金額を準備すれば問題ない。

しかし地震については、発生する確率が低くても規模や発生地によっては巨額の支払義務が生じる可能性がある。万が一に備えた金額を準備することは民間の保険会社だけでは難しく、政府が再保険してようやく成立させることができる。

１９６４年の新潟地震を契機として、地震保険の必要性の議論が高まり、政府が再保険を引き受ける仕組みを設けることで、ようやく地震保険が成立することとなった。

3　国債整理基金特別会計――国債全体を把握するための会計

国債の償還や利払について政府全体としてどのようなお金の動きになっているかを整理するための財務省所管の特別会計。本特別会計の中で一般会計と特別会計からの受入れを財源として償還・利払を行うほか、特別会計の中で借換のための国債発行と償還を行っている。このように国債の償還財源は全て国債整理基金特別会計に受入れられ、蓄積され、支出される仕組み（減債制度）をとることで、国全体の債務の状況を一元的に整理できる。

歳出については、大きく3つの区分に分けられる。国債などの償還・利払・借換に必要な経費は「国債整理支出」と呼ばれ、本特別会計の支出の大半を占める。そのほかの支出は、復興債（東日本大震災の復興のための財源として発行された国債）の償還・利払・借換に必要な経費である「復興債整理支出」、脱炭素成長型経済構造移行債（GX経済移行債）の償還・利払に必要な経費である「脱炭素成長型経済構造移行債整理支出」に整理される。

本特別会計の歳入は、借換のための国債発行である公債金が半分以上を占めるが、その他のほとんどは他会計（一般会計及び他の特別会計）からの受入れとなっている。一般会計の主要経費である「国債費」は、本特別会計に全額繰り入れられている。「国債費」以外

[**図表3-6**]国債整理基金特別会計の歳入・歳出(2024年度)

単位:百万円

歳入		
合計		225,138,987
他会計より受入		88,856,307
	一般会計より受入 (国債費より)	27,008,256
	特別会計より受入 (交付税及び譲与税配当金特別会計、財政投融資特別会計、エネルギー対策特別会計等より)	61,848,050
東日本大震災復興他会計より受入		25,410
	東日本大震災復興特別会計より受入	25,410
脱炭素成長型経済構造移行推進他会計より受入		59,548
	エネルギー対策特別会計より受入	59,548
租税		114,300
公債金		131,500,477
復興借換公債金		3,164,043
脱炭素成長型経済構造移行借換公債金		850,832
東日本大震災復興株式売払収入		169,151
東日本大震災復興配当金収入		4,965
運用収入		98,645
東日本大震災復興運用収入		404
脱炭素成長型経済構造移行推進運用収入		198
雑収入		291,896
東日本大震災復興雑収入		57
脱炭素成長型経済構造移行推進雑収入		2,748

歳出		
合計		225,138,987
国債整理支出		220,861,626
	公債等償還	209,233,972
	公債利子等支払	11,505,004
	公債等償還及び発行諸費等	122,649
復興債整理支出		3,364,032
	復興債償還	3,334,058
	復興債利子等支払	25,400
	復興債償還及び発行諸費等	4,574
脱炭素成長型経済構造移行債整理支出		913,328
	脱炭素成長型経済構造移行債償還	850,832
	脱炭素成長型経済構造移行債利子等支払	62,242
	脱炭素成長型経済構造移行債償還及び発行諸費等	252

には一般会計からの受入れはない。一般会計からの受入れについて、原則では国債発行残高の1・6%が毎年本特別会計に繰入れられることとなっている。これは国債の「60年償還ルール」をもとに決められた割合である。しかし近年は特例国債の発行額が、定率繰入れ額を上回る状況が続いており、国債償還の持続可能性が損なわれている状況である。また一般会計からの受入れよりも他の特別会計からの受入れの方が約2倍の金額となっているため、一般会計を見るだけでは、債務状況を直感的に捉えにくくなっている。たとえば交付税及び譲与税配当金特別会計からは約30兆円、財政投融資特別会計とエネルギー対策特別会計からそれぞれ約15兆円ずつ受入れている。

4　外国為替資金特別会計——円安や円高に対応するための会計

外国為替相場の安定のために設けられている特別会計。特に為替相場の急激な変動、つまり行き過ぎた円高における円売り・外貨買い、円安における円買い・外貨売り（為替介入）を行うための特別会計である。1949年に創設された外国為替特別会計を前身として、1951年に創設された。

円売り・外貨買い介入の場合には、1年以内に償還される政府短期証券を発行して日本国内の金融市場（銀行など）から円を調達し、調達した円を外国為替市場で売却して、外貨を購入する。これにより為替市場を円安に向かわせる。逆に円買い・外貨売り介入の場合には、外貨建て資産の売却などにより外貨を調達し、調達した外貨を外国為替市場で売却して、円を購入する。これにより為替市場を円高に向かわせる。

円売り・外貨買い介入に伴って取得した外貨を資産、円を調達するために取得した政府短期証券を負債として保有している。外貨は、財務省が外国債などによって運用し、利子などの収入を得ている。また政府短期証券の利払費が支出となる。現在のところ、外国債などの運用益は、政府短期証券の利払費を上回っており、毎年度剰余金が発生している。一部が外国為替資金特別会計（以下「外為特会」）の運用資金である外国為替資金に、一部が一般会計などに繰入れられる。

予算の特徴

歳入については、過去の為替介入によって獲得した外貨資産の運用益（運用収入）が計上されている。

[**図表3-7**] 外国為替資金特別会計のお金の流れ（円売り・外貨買い介入の場合）

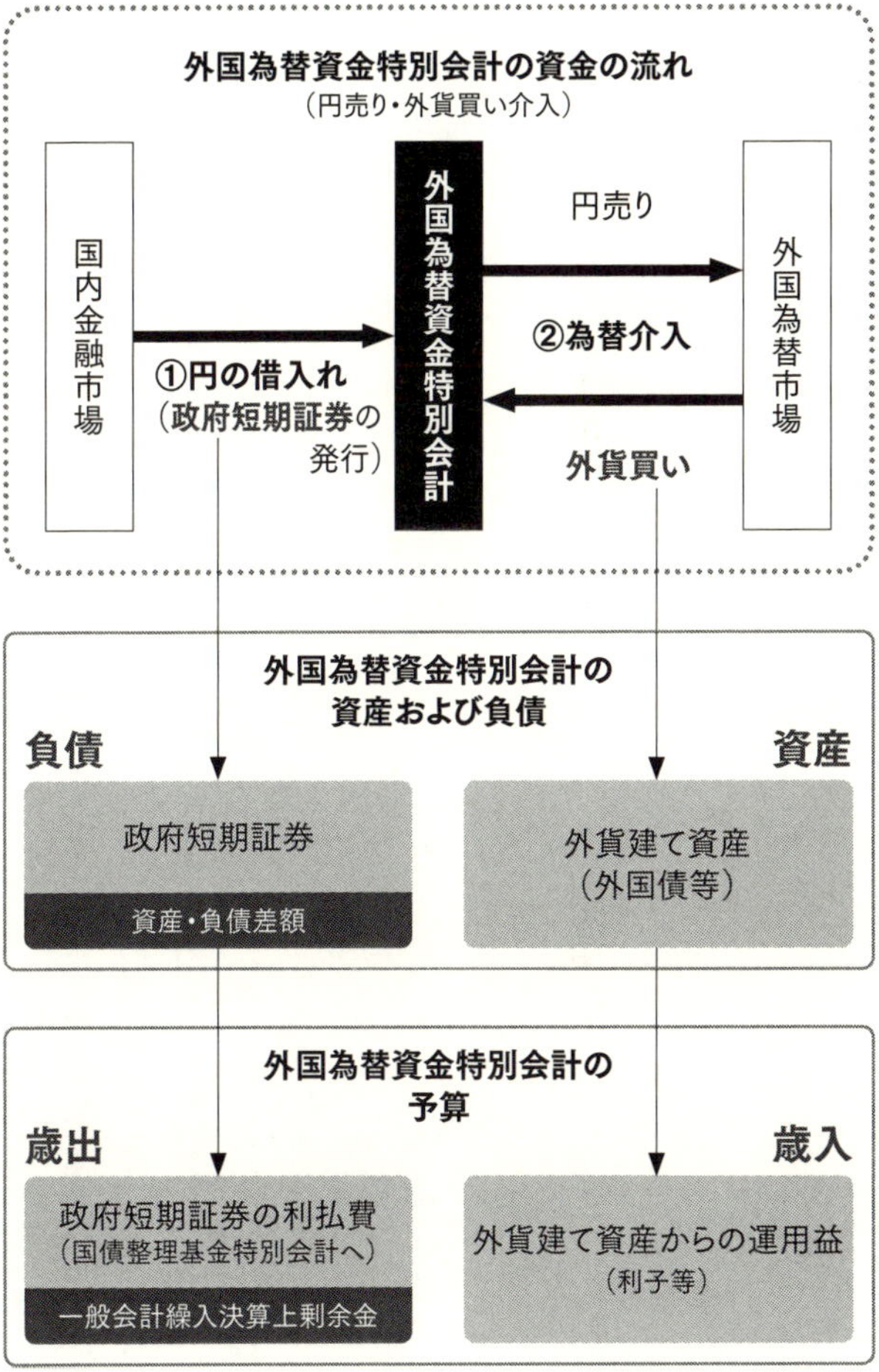

財務省『特別会計ガイドブック』より

歳出については、過去の為替介入によって発行した政府短期証券の利払費（国債整理基金特別会計へ繰入れ）と債券の購入価格が額面価格を超えている債券の償還（償還差額保証金）が計上されている。さらに政府短期証券は、1年未満の償還期限となっており、年度内に急激な金利上昇が発生する可能性があることから、相当額の予備費が設定されている。

なお2024年度は計上されていないが、2023（令和5）年度については、防衛力強化の財源として、一般会計への繰入れがなされている。防衛力強化に必要な財源をできるだけ増税以外の手段で賄うために剰余金が多い外為特会から用いられた。

なお2022（令和4）年度の決算をみると、3・5兆円の剰余金が発生しており、うち2・8兆円が一般会計に繰入れられている。

［**図表3-8**］2024年度当初予算、2022年度決算の歳入・歳出

2024年度当初予算

単位：百万円

歳入		歳出	
外国為替等売買差益	157,750	事務取扱費	3,147
運用収入	4,305,212	諸支出金 ※償還差額保証金等	524,923
雑収入	3	融通証券事務取扱費一般会計へ繰入	1
		国債整理基金特別会計へ繰入 ※政府短期証券の利払い費等	489,149
		予備費	300,000
合計	4,462,965	合計	1,317,220

2022年度決算

歳入		歳出	
外国為替等売買差益	169,286	事務取扱費	2,985
運用収入	3,024,066	諸支出金 ※償還差額保証金等	110,485
雑収入	133,745	融通証券事務取扱費一般会計へ繰入	0
前年度剰余金受入	262,527	国債整理基金特別会計へ繰入 ※政府短期証券の利払い費等	301
		予備費	-
合計	3,589,625	合計	113,772

剰余金	3,475,852	百万円
うち一般会計繰入	2,835,014	百万円
うち翌年度歳入繰入	640,838	百万円

コラム10　円安に対してはどのような介入をするのか

　これまで行き過ぎた円高が日本企業の国際競争力に悪影響を与えることを懸念して、円売り・外貨買い介入が何度も行われてきた。外国為替資金特別会計は円換算して100兆円を超える外貨資産を保有し、約87兆円の政府短期証券を負債として抱えている。

　行き過ぎた円安が発生する場合、政府は外為特会により、円買い・外貨売り介入を行って円高方向に動かそうとする。まずは保有している外貨を外国為替市場で売却して円を買い、その円で政府短期証券を償還する。これによって外為特会が保有する資産・負債ともに縮小することとなる。

　なお介入には、介入した事実をすぐに公表する場合と、すぐに介入の事実を公表しない「覆面介入」がある。市場の動向などを踏まえて、覆面介入が効果的と判断されることもある。ただし、財務省は毎月末に直近1か月の介入実績を、3か月に一回介入実績の詳細を公表するため、後になって介入の事実や金額が明らかになる。

　2022（令和4）年に、ドル円が1ドル145円を超え、24年ぶりとなる円

外貨準備高と為替介入額

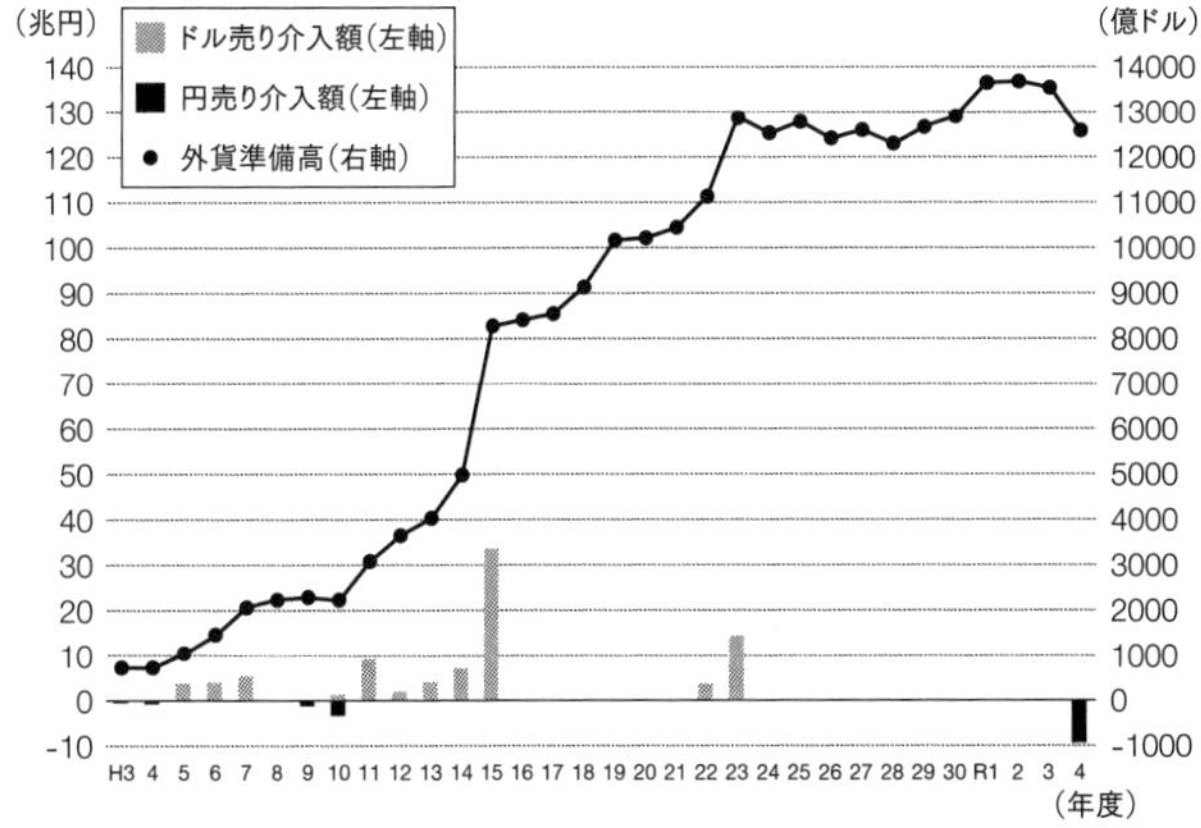

財務省『特別会計ガイドブック』より

買い・外貨売り介入を行った。一時的に円安進行が一段落し円高に転換したものの、再び円安に転じ、2024年に再び円買い・外貨売り介入を行った。ただし、為替は市場で決まることが原則である。

なお、2022年の直前の為替介入は2011（平成23）年だが、このときは円高を是正するもので、円売り・外貨買い介入であった。

5　財政投融資特別会計――民間では対応が難しい分野のための会計

財政投融資とは、税金を財源とせず、財投債（国債の一種）や政府の信用のもとで集められた資金を使って、政策的必要性は高いが民間では対応しにくい事業に対して融資・投資・政府保証の3つの手法を用いて、資金供給（後に回収）を行う投融資活動である。

投融資の対象は、時代のニーズによって変化してきた。戦後復興期から高度成長期にかけては、欧米よりも遅れていたインフラ整備（高速道路や新幹線、空港の建設など）や、住宅分野（ニュータウン整備など）に活用されていた。近年では、リーマン・ショック後の経済・金融危機や東日本大震災、新型コロナウイルス感染症の流行に際し、資金繰りに困難をきたした中小企業に対する支援や、復旧・復興事業、防災・減災対策（公立学校の耐震化など）に活用されている。

かつては一般会計を上回る予算規模を持ち、様々な政策目的のために運用され、「第二の予算」と呼ばれていた時期もあったが[*2]、2001（平成13）年度の財政投融資改革以降、政策的必要性が高く、確実性のある事業に守備範囲を限定した上で、資金融資を行っている。この特別会計は、財政融資資金勘定、投資勘定、特定国有財産整備勘定の3つの勘定に分かれている。

なお「特別会計に関する法律」に基づき、一般会計や国債整理基金特別会計等への繰入れ（復興財源や国債償還財源等に充てるため）が行われることもある。

＊2……「コラム11　財政投融資のあゆみ」を参照。

[**図表3-9**]財政投融資特別会計(財政融資資金勘定と投資勘定)のお金の流れ

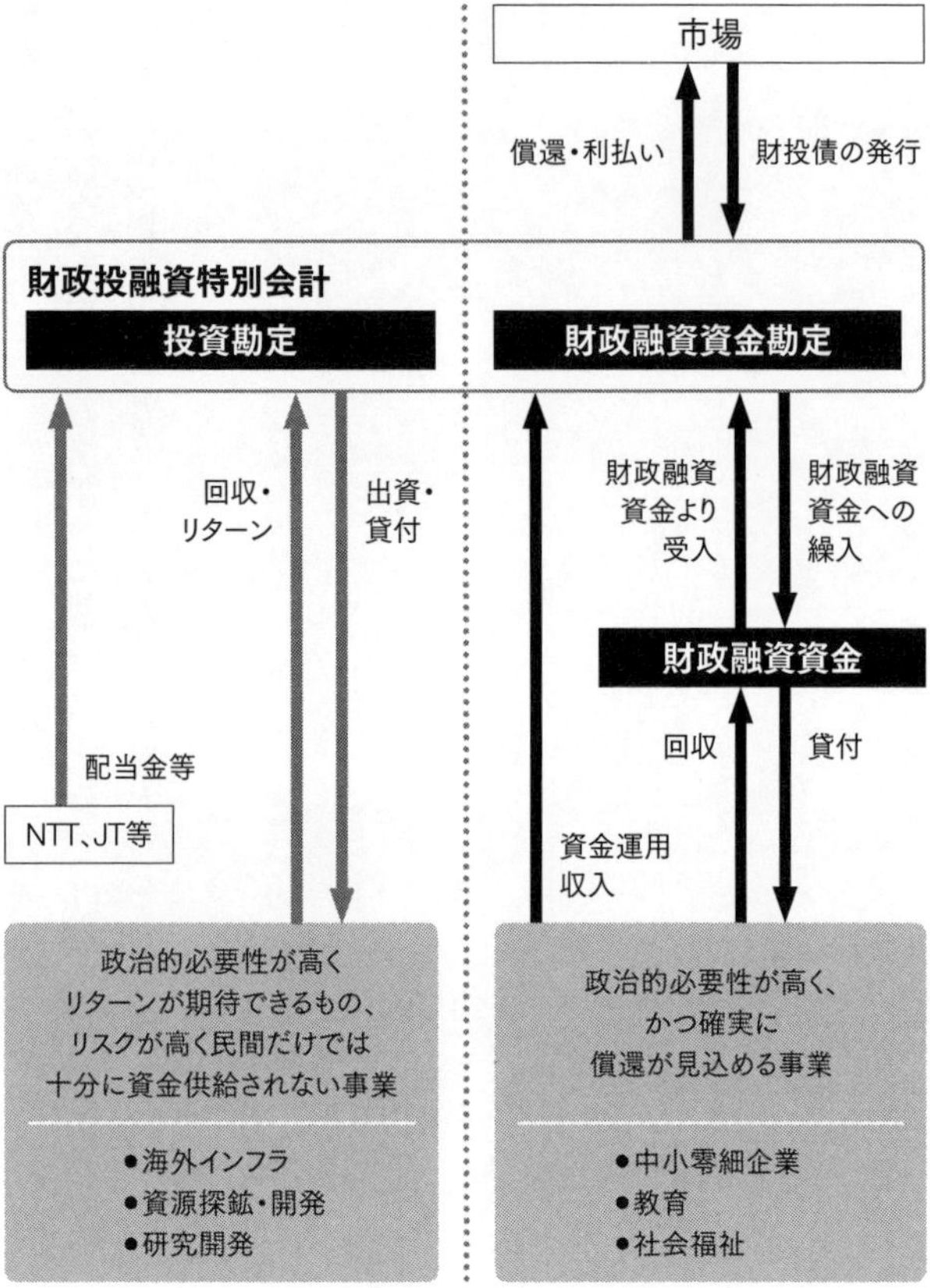

財務省『令和5年度特別会計ガイドブック』より

コラム11　財政投融資のあゆみ

かつての財政投融資は、郵便貯金、簡易生命保険、年金積立金が大蔵省（現・財務省）の資金運用部に義務的に預け入れられ、これらを財源として、中央政府、地方政府、特殊法人等に対して融資を行っていた。財政投融資制度のもとに集められた資金は、国債や地方債の引き受けや、政府関係機関の貸付金資金として使用され、景気調節や産業資金としての役割を果たしていた。その規模は年々拡大し、一般会計を大幅に上回って「第二の予算」と呼ばれていた時期もある。しかし特殊法人が官僚の天下り先となり、経営の情報開示が不十分という問題も存在していた。また国民の住宅取得を促すため、高金利で集めた郵便貯金を、低利で住宅金融公庫を通して融資していたために逆ざやが生じてしまい、その赤字の穴埋めを一般会計からの繰入れによって行うなど、財政規律を損なうようなことが行われていた。これらの点が批判され、財政投融資は２００１（平成13）年度に抜本的改革が行われることとなった。

この改革では、郵便貯金や年金積立金、簡易生命保険からの預託が廃止された。また特殊法人等の財政投融資機関（財投機関）は、財投債（国債の一種）を通じた資金調達や、財投機関債の発行によって自ら市場から資金を調達しなければならなくなった。同時に財投機関については、経営の健全化・透明性を高めるために、資産負債管理（ALM）の徹底が求められるようになった。

これまでは、郵便貯金や年金積立金を通じて政策に必要な資金需要とは関係なく原資が集まり、財政投融資の規模肥大化につながっていた。しかしこれらの改革によって、必要な資金を財投債の発行により必要な分だけ市場から調達することになった。投融資の際の査定が厳しくなり、市場の規律が働きやすくなったともいえる。また財投債は、国の信用を背景として発行されるので、低利で効率的な資金調達が可能となった。同時に、財政投融資による貸付金利は、基本的に国債の金利と同水準になった。

近年話題になった財政投融資の例としては、リニア中央新幹線建設を促進するためのJR東海への融資が挙げられる。財政投融資を通じてJR東海は長期・固定・低利の融資を得られたため、当初計画よりも東京・大阪間の全線開通時期を前倒しできるようになった。

[図表3-10]財政融資資金勘定の歳入・歳出(2024年度)

単位:百万円

歳入		歳出	
合計	25,896,942	合計	25,896,942
資金運用収入	951,712	財政融資資金へ繰入	10,000,000
公債金	10,000,000	事務取扱費	7,333
財政融資資金より受入	14,856,615	諸支出金	435,554
積立金より受入	33,695	公債等事務取扱費一般会計へ繰入	46
雑収入	54,920	国債整理基金特別会計へ繰入	15,453,960
他勘定より受入	0	予備費	50

(1)財政融資資金勘定

財政融資資金の運用に関する経理を担当する勘定である。

歳入額約26兆円のうち、財投債(国債の一種)が10兆円(約39%)、財政融資資金からの受入れが15兆円(約57%)を占め、この両者で財源のほぼすべてを賄っている。

歳出は、財投債から得た収入を財政融資資金へ繰入れ(10兆円)、また公債の償還金及び利子などの支払財源に充てるための国債整理基金特別会計への繰入れが約15兆円行われている。

(2)投資勘定

前身は、1953年に設置された産業投資特別会計であり、国の行う産業開発や貿易振興を目的とした投資(後に回収)のための経理である。

[**図表3-11**]投資勘定の歳入・歳出(2024年度)

単位:百万円

歳入			
合計			736,219
運用収入			612,770
	償還金収入		22,157
	利子収入		81
	納付金		257,793
		株式会社日本政策金融公庫納付金	23
		株式会社国際協力銀行納付金	27,770
		地方公共団体金融機構納付金	230,000
	配当金収入		230,609
		日本たばこ産業株式会社配当金収入	100,267
		日本電信電話株式会社配当金収入	116,734
		株式会社日本政策投資銀行配当金収入	11,170
		株式会社商工組合中央金庫配当金収入	2,438
	出資回収金収入		102,130
		国立研究開発法人医薬基盤・健康・栄養研究所出資回収金	2,130
		株式会社日本政策投資銀行出資回収金	100,000
雑収入			0.01
前年度剰余金受入			123,449

歳出	
合計	736,219
産業投資支出	474,700
事務取扱費	883
一般会計へ繰入	30,536
地方公共団体金融機構納付金収入交付税及び譲与税配付金特別会計へ繰入	230,000
国債整理基金特別会計へ繰入	0.1
予備費	100

［**図表3-12**］特定国有財産整備勘定の歳入・歳出（2024年度）

単位：百万円

歳入		歳出	
合計	51,927	合計	8,267
国有財産処分収入	11,251	特定国有財産整備費	7,694
雑収入	52	事務取扱費	573
前年度剰余金受入	40,624	予備費	0

歳入額7362億円の80％以上を運用収入が占めており、国際協力銀行や地方公共団体金融機構などからの納付金、NTTや日本たばこ産業（JT）などからの配当金収入を主な原資としている。[*3]

歳出は、海外インフラや資源開発などの産業投資を中心に行っている。

（3）特定国有財産整備勘定

前身は、特定国有財産整備計画に基づき、庁舎を新たに取得し、古い庁舎を処分する際の経理などを行っていた特定国有財産整備特

＊3……NTTの前身は日本電信電話公社、JTの前身は日本専売公社であり（これと国鉄を合わせ「三公社」と呼ばれていた）、ともに行政改革の流れの中で1980年代に民営化されたが、現在でも、NTTとJTの発行株式総数の3分の1超を政府が保有することが法律（それぞれNTT法、JT法）で定められている。両社からの配当金（や政府保有株の売却益）は、政治家や官僚の考える各政策の財源として想定されることが多い。

［図表3-13］エネルギー対策特別会計のお金の流れ

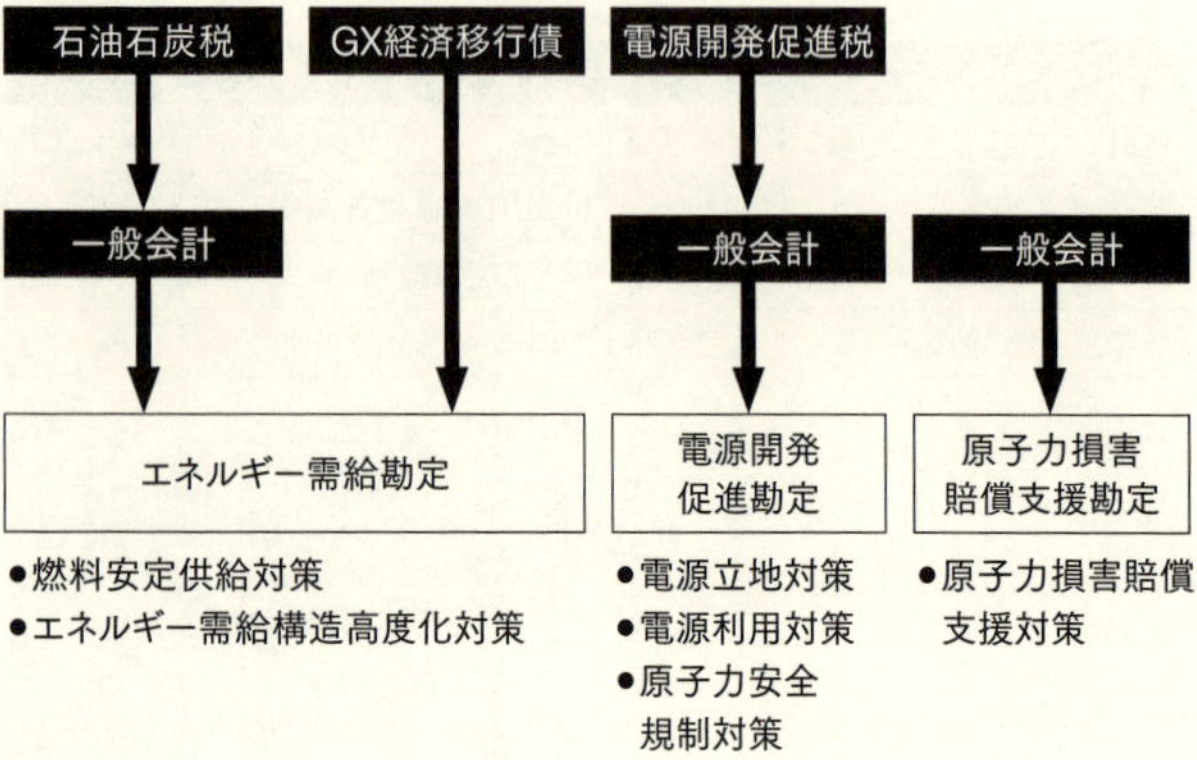

財務省『特別会計ガイドブック』より

別会計（2009［平成21］年度末廃止）である。

同年度末までに策定された事業のうち、完了していない事業の経理を行うための経過勘定として設置されている。

6 エネルギー対策特別会計
——エネルギー関連費用をまとめた会計

内閣府、文部科学省、経済産業省及び環境省が管理するエネルギー対策に関する経理を明確にするために設置された特別会計である。エネルギー対策特別会計は、エネルギー需給勘定、電源開発促進勘定、原子力損害賠償支援勘定の3つに分けられている。

エネルギー対策特別会計のうち石油石炭税を主な財源とするエネルギー需給勘定と、電源開発促進税を財源とする電源開発促進勘定は、それぞれの税収を全て一般会計に計上した上で、必要額を特別会計に繰入れる仕組みとなっている。

（1）エネルギー需給勘定

約3兆円の規模がある勘定。歳入額約3兆円のうち、5割は石油証券及借入金収入が占めている。石油証券及借入金とは、備蓄のための石油・石油ガスの購入、備蓄施設の設置に要する費用を対象として、石油証券の発行、財政融資資金などからの借入れにより調達されている財源である。歳入として次に大きいのが、一般会計からの受入れで、0・5兆円ほどの規模である。

一方、歳出の約3兆円は、約半分が国債整理基金特別会計への繰入れとなっている。その他には、石油及び天然ガスなどの開発、サプライチェーンの構築、備蓄のために使用される燃料安定供給対策費、エネルギーに由来するCO_2排出抑制対策や再生可能エネルギー活用のための費用であるエネルギー需給構造高度化対策費、脱炭素社会を目指す脱炭素成長型経済構造移行推進対策費などとして使用されている。また国立研究開発法人新エネルギー・産業技術総合開発機構などの研究機関の運営費としても支出されている。

[**図表3-14**]エネルギー需給勘定の歳入・歳出(2024年度)

単位:百万円

歳入		
合計		3,006,707
他会計より受入		476,089
	燃料安定供給対策及エネルギー需給構造高度化対策財源一般会計より受入	476,089
	脱炭素成長型経済構造移行推進一般会計より受入	0
公債金		663,281
	脱炭素成長型経済構造移行公債金	663,281
石油証券及借入金収入		1,568,100
備蓄石油売払代		28,719
雑収入		69,619
前年度剰余金受入		200,899
独立行政法人納付金収入		0
	独立行政法人エネルギー・金属鉱物資源機構納付金収入	0
	国立研究開発法人新エネルギー・産業技術総合開発機構納付金収入	0

歳出	
合計	3,006,707
燃料安定供給対策費	276,752
エネルギー需給構造高度化対策費	281,894
脱炭素成長型経済構造移行推進対策費	386,412
国立研究開発法人新エネルギー・産業技術総合開発機構運営費	129,242
脱炭素成長型経済構造移行推進国立研究開発法人新エネルギー・産業技術総合開発機構運営費	41,000
独立行政法人エネルギー・金属鉱物資源機構運営費	36,408
独立行政法人エネルギー・金属鉱物資源機構出資	115,550
脱炭素成長型経済構造移行推進機構出資	120,000
事務取扱費	9,811
脱炭素成長型経済構造移行推進電源開発促進勘定へ繰入	56,310
諸支出金	0
脱炭素成長型経済構造移行推進諸支出金	0
融通証券等事務取扱費一般会計へ繰入	0
脱炭素成長型経済構造移行推進公債事務取扱費一般会計へ繰入	11
国債整理基金特別会計へ繰入	1,491,099
脱炭素成長型経済構造移行推進国債整理基金特別会計へ繰入	59,548
予備費	2,670

(2)電源開発促進勘定

電力利用のための電源立地対策、電源利用対策、原子力安全規制対策の収支を担い、約0・4兆円の規模がある。

0・4兆円の歳出のうち、電源立地対策費が約半分を占めている。電源立地対策費は、電源立地地域対策交付金として主に支出されている。この交付金は、発電用施設の周辺地域での生活のしやすさを向上させる事業に対して交付されるお金であり、発電用施設に対する住民の理解促進を目的としている。*4 また原子力安全規制対策としては、国立研究開発法人日本原子力研究開発機構に930億円支出されている。

電源開発促進勘定の歳入は、主に一般会計からの受入れとなっている。

(3)原子力損害賠償支援勘定

原子力損害賠償の迅速かつ適切な実施を目的とした勘定であり、エネルギー対策特別会

＊4……以下のサイトでは、電源立地地域対策交付金を利用してどのような事業が行われているかを都道府県ごとに公表している。https://www.enecho.meti.go.jp/committee/disclosure/dengenkoufukin1/

［**図表3-15**］電源開発促進勘定の歳入・歳出（2024年度）

単位：百万円

歳入		
合計		390,081
他会計より受入		313,833
	電源立地対策財源一般会計より受入	162,005
	電源利用対策財源一般会計より受入	108,968
	原子力安全規制対策財源一般会計より受入	42,860
他勘定より受入		56,310
	脱炭素成長型経済構造移行推進エネルギー需給勘定より受入	56,310
雑収入		1,404
前年度剰余金受入		18,534
独立行政法人納付金収入		0

歳出	
合計	390,081
電源立地対策費	170,771
電源利用対策費	16,634
脱炭素成長型経済構造移行推進対策費	56,310
原子力安全規制対策費	26,678
国立研究開発法人日本原子力研究開発機構運営費	93,390
事務取扱費	26,117
諸支出金	0
脱炭素成長型経済構造移行推進諸支出金	0
国立研究開発法人日本原子力研究開発機構施設整備費	0
予備費	180

［**図表3-16**］原子力損害賠償支援勘定の歳入・歳出（2024年度）

単位：百万円

歳入	
合計	12,599,063
原子力損害賠償支援資金より受入	4,295
原子力損害賠償支援証券及借入金収入	12,594,500
原子力損害賠償・廃炉等支援機構納付金収入	0
雑収入	1
前年度剰余金受入	267

歳出	
合計	12,599,063
事務取扱費	1
国債整理基金特別会計へ繰入	12,599,062

計の中でも最大となる約12兆円の規模がある。歳出のほぼすべては「原子力損害賠償・廃炉等支援機構法」の規定により交付された国債の償還金の支出のため、国債整理基金特別会計への繰入れとなっている。またその支出のために原子力損害賠償支援証券などが財源に充てられている。

7　労働保険特別会計
――労働者の公的保険関係の会計

労災勘定、雇用勘定、徴収勘定に分かれ、労災補償事業と失業補償事業を行う会計。労働保険特別会計金の流れを図示すると、図表3－17

[**図表3-17**]労働保険特別会計のお金の流れ

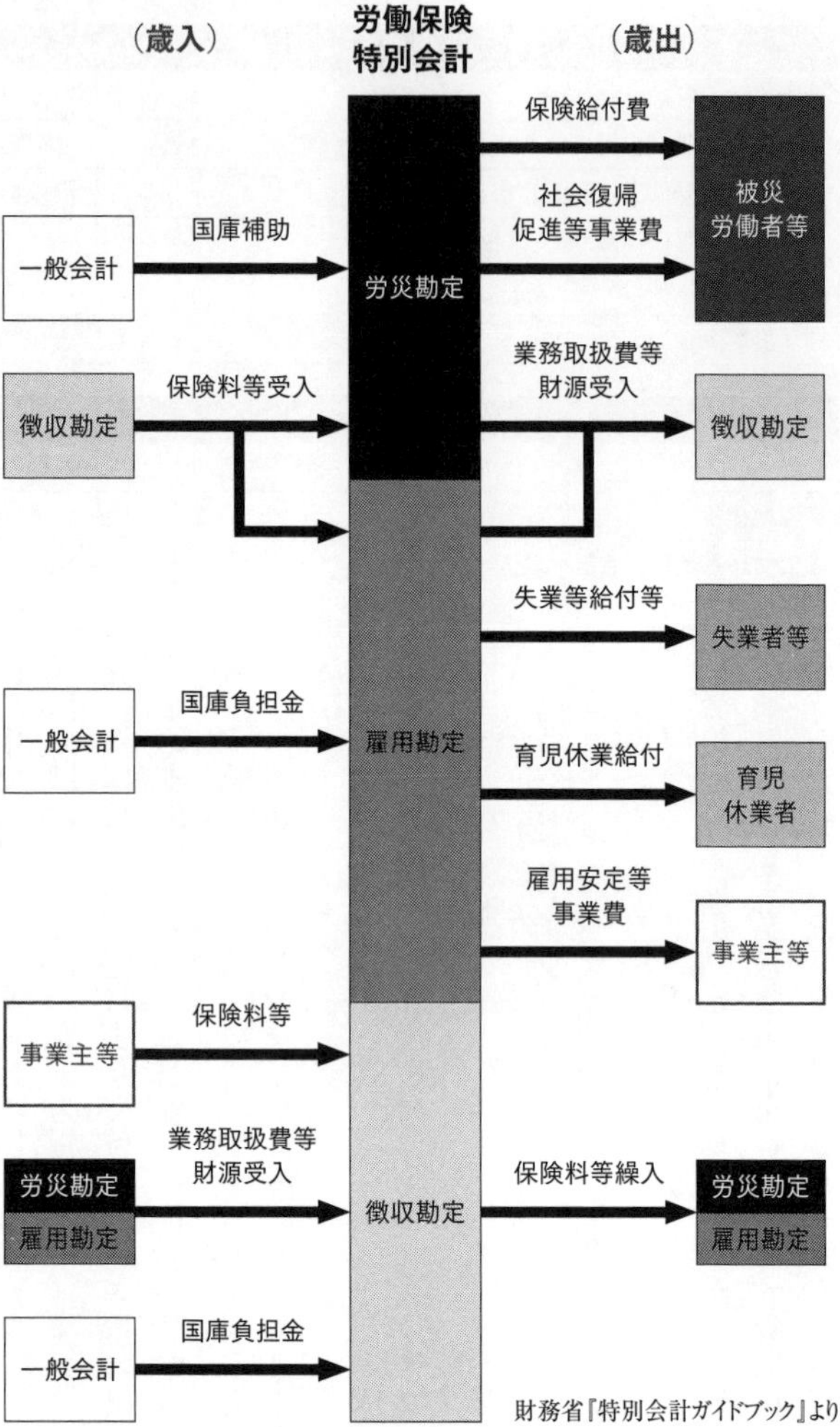

財務省『特別会計ガイドブック』より

のとおりとなる。

（１）労災勘定

「労働者災害補償保険法」に基づき、労災保険事業を行うための勘定である。労働者が業務中、負傷・災害を被った際に補償するための保険給付や、損害を受けた場合の社会復帰促進事業を行う。

歳入額１・３兆円の約75％は、徴収勘定から受入れる労働保険料のうちの労働災害補償保険分の受入であり、この他、支払備金受入れなども含め、保険収入が歳入の９割以上を占める。なお保険料は、全額事業主負担であり、労働者負担は無い。

一方、歳出額１・１兆円のうち、保険給付費が71％、社会復帰促進等事業費が12％を占めている。

（２）雇用勘定

「雇用保険法」に基づいて、政府が雇用保険事業に関する経理を明確にするための勘定。

この勘定は、失業給付や育児休業給付を行うほか、雇用安定事業や能力開発事業（いわゆる雇用保険二事業）を行っている。

[**図表3-18**]労災勘定の歳入・歳出(2024年度)

単位:百万円

歳入		
合計		1,260,201
保険収入		1,146,662
	徴収勘定より受入	956,688
	一般会計より受入(雇用労災対策費より)	7
	未経過保険料受入	25,400
	支払備金受入	164,567
運用収入		91,848
独立行政法人納付金		732
雑収入		20,959

歳出	
合計	1,090,103
労働安全衛生対策費	24,198
保険給付費	770,764
職務上年金給付費年金特別会計へ繰入 (年金特別会計の厚生年金勘定へ)	5,413
職務上年金給付費等交付金	4,566
社会復帰促進等事業費	126,658
独立行政法人労働者健康安全機構運営費	12,180
独立行政法人労働者健康安全機構施設整備費	1,413
仕事生活調和推進費	10,755
中小企業退職金共済等事業費	1,443
独立行政法人労働政策研究・研修機構運営費	145
個別労働紛争対策費	1,806
業務取扱費	75,870
施設整備費	1,826
保険料返還金等徴収勘定へ繰入	50,764
予備費	2,300

[**図表3-19**]雇用勘定の歳入・歳出(2024年度)

単位:百万円

歳入		
合計		3,610,628
保険収入		3,368,407
	徴収勘定より受入	3,236,079
	一般会計より受入 (社会保障関係費の中の「少子化対策費」「雇用労災対策費」より)	132,327
運用収入		1
雑収入		45,800
前年度繰越資金受入		196,421
積立金より受入		0
独立行政法人納付金		0

歳出	
合計	3,271,963
労使関係安定形成促進費	369
男女均等雇用対策費	23,081
中小企業退職金共済等事業費	5,953
独立行政法人勤労者退職金共済機構運営費	28
個別労働紛争対策費	2,041
職業紹介事業等実施費	86,477
地域雇用機会創出等対策費	141,103
高齢者等雇用安定・促進費	228,498
失業等給付費	1,271,501
育児休業給付費	855,524
就職支援法事業費	23,218
職業能力開発強化費	65,027
若年者等職業能力開発支援費	3,325
独立行政法人高齢・障害・求職者雇用支援機構運営費	72,253
独立行政法人高齢・障害・求職者雇用支援機構施設整備費	4,783
障害者職業能力開発支援費	1,596
技能継承・進行推進費	4,451
独立行政法人労働政策研究・研修機構運営費	1,908
業務取扱費	134,576
施設整備費	4,239
育児休業給付資金へ繰入	66,506
保険料返還金等徴収勘定へ繰入	24,084
防衛力強化一般会計へ繰入	196,421
国債整理基金特別会計へ繰入	0
予備費	55,000

[図表3-20] 徴収勘定の歳入・歳出（2024年度）

単位：百万円

歳入		歳出	
合計	4,280,263	合計	4,280,263
保険収入	4,162,025	業務取扱費	39,564
一般会計より受入（その他の事項経費より）	238	保険給付費等財源労災勘定へ繰入	956,688
一般拠出金収入	4,272	失業等給付費等財源雇用勘定へ繰入	3,236,079
他勘定より受入（労働保険特別会計の「労災勘定」「雇用勘定」より）	74,848	諸支出金	47,832
雑収入	1,612	予備費	100
前年度剰余金受入	37,268		

雇用保険は、労働者が失業した際に生活安定を図るための給付を提供する制度。求職活動の支援や雇用状態の改善など、労働者の能力を開発・向上し、労働者の福祉増進を図っている。

雇用勘定の歳入額は約3・6兆円で、そのうち93％は保険収入が占めている。この収入の大部分は、社会保障関係費の少子化対策費や雇用労災対策費からの受入によるものである。

一方、歳出は25の費目に分かれており、失業者に支払われる失業等給付費と育児休業者に支払われる育児休業給付費が全体の6割を占めている。さらに事業主に支払われる雇用安定等事業費も雇用勘定から支払われている。

（3）徴収勘定

「労働保険の保険料の徴収等に関する法律」に

基づいて、労災保険と雇用保険の保険料を一本化して同時に徴収し、労災勘定や雇用勘定に繰入れるための勘定である。

徴収勘定の歳入額は約4・3兆円で、その97%は保険収入である。歳出の内訳は、雇用勘定への繰入が76%、労災勘定への繰入が22%を占めている。

8　年金特別会計——年金を管理するための会計

年金特別会計は、内閣府と厚生労働省が共同で管理する特別会計である。歳入面では年金や健康保険の保険料を徴収したり、子育て関連の拠出金を徴収したりする一方、歳出面では、年金給付を行ったり子ども手当の交付などを行ったりしている。このような業務を行うために、年金特別会計は6つの勘定に分けられている。

(1)基礎年金勘定

基礎年金事業の収支を担い、約30兆円の規模がある。基礎年金には3種類があり、それ

[**図表3-21**]年金特別会計のお金の流れ

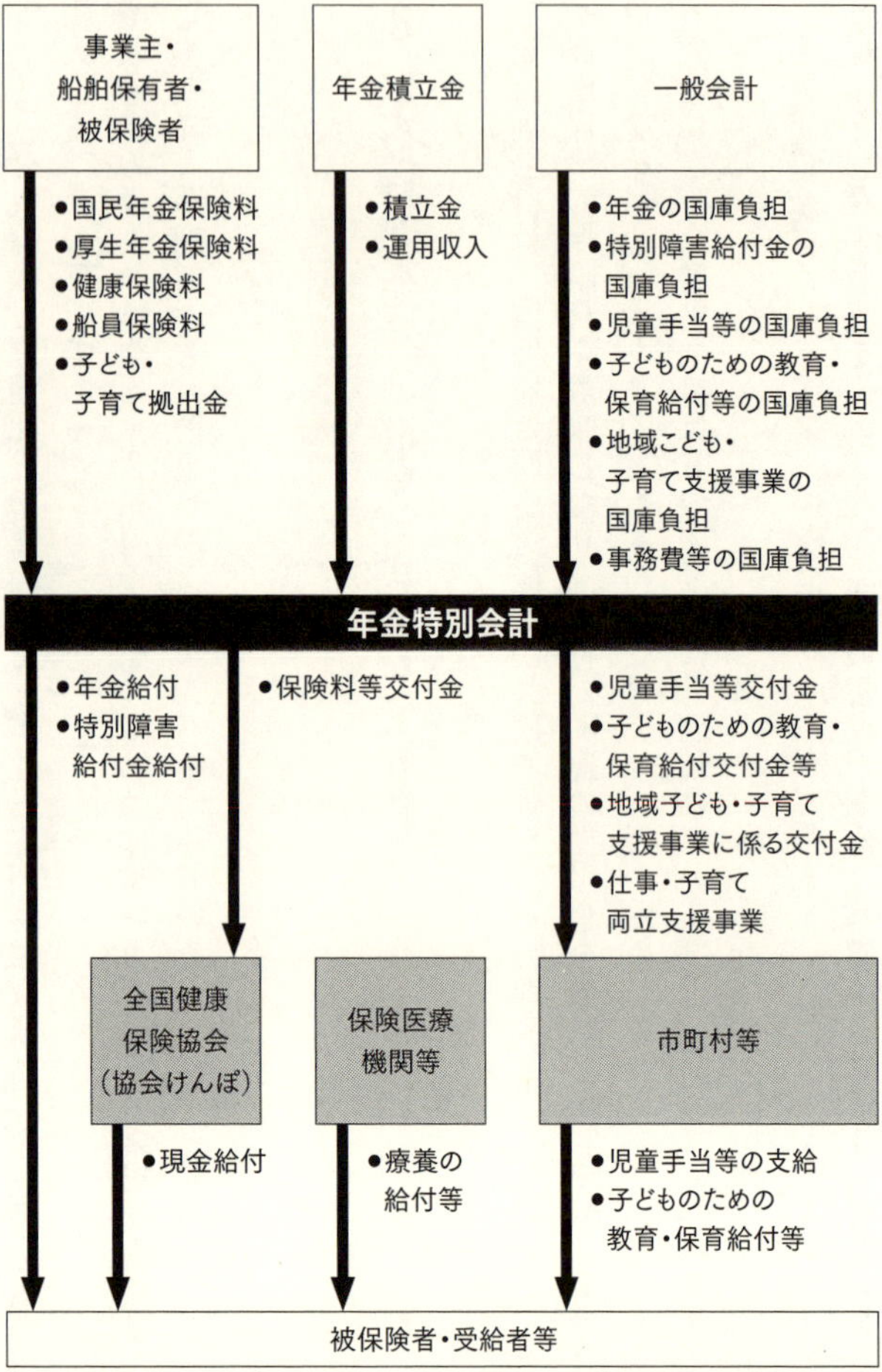

財務省『特別会計ガイドブック』より

ぞれ老齢基礎年金、障害基礎年金、遺族基礎年金である。このうち規模が最大の老齢基礎年金は、老後の生活の基礎的部分を保障するために、10年以上保険料を納めた場合に、納めた期間に応じて、65歳以降に国民の誰もが受けられる。従来は、25年以上保険料を納めなければ受け取れなかったが、2017年8月1日以降は、納付期間が10年以上に短縮された。

基礎年金勘定の歳入額約30兆円のうち、9割は他の勘定などからの拠出金等収入が占め、中でも厚生年金勘定からの受入れが約21兆円を占めている。その理由は、基礎年金給付費の総額を国民全体で公平に負担するため、各制度に属する被保険者（加入者）数などに応じて負担しているからである。なお基礎年金については、給付額の2分の1は国庫負担（国の税金）により賄われているが[*5]、この国庫負担分は、基礎年金勘定の歳入面では「拠出金等収入」で計上されている。

一方、歳出の約30兆円は、基礎年金給付費がほぼすべてを占めているが、2500億円程度は、基礎年金に相当する給付費（1986年3月31日までの旧法による給付のうち、基礎年金に相当する額）として他の勘定へ再び繰入れられている。

＊5……2009年3月以前の国庫負担は3分の1だった。

[**図表3-22**]基礎年金勘定の歳入・歳出(2024年度)

単位:百万円

歳入			
合計			30,344,956
拠出金等収入			27,209,740
	拠出金等収入		27,209,653
		国民年金勘定より受入	3,880,841
		厚生年金勘定より受入	20,856,890
		国家公務員共済組合連合会等拠出金収入	2,471,922
	運用収入		87
積立金より受入			3,123,893
雑収入			11,323

歳出		
合計		30,344,956
基礎年金給付費		30,037,732
基礎年金相当給付費他勘定へ繰入及交付金		246,502
	国家公務員共済組合連合会等交付金	44,278
	国民年金勘定へ繰入	71,330
	厚生年金勘定へ繰入	130,895
諸支出金		722
予備費		60,000

コラム12　日本の年金制度

年金特別会計の「基礎年金勘定」「国民年金勘定」「厚生年金勘定」を理解する上で、年金制度の知識は欠かせない。「日本の公的年金制度は、2階建て構造となっている」といわれる。その意味するところは、20歳以上60歳未満の全国民が加入する国民年金（基礎年金）と、会社員・公務員、教職員（合わせて「被用者」という）が基礎年金にプラスして上乗せ給付を受けるための厚生年金に分かれているということである。

基礎年金は、職業等により3つの被保険者の種別があり、それぞれ加入手続きや保険料の納付方法が異なる。一方、厚生年金が適用される法人事業所（株式会社など）や官公庁に常時雇用されている70歳未満の被用者は、厚生年金保険[*1]の被保険者となる。つまり、被用者は、2つの年金制度に同時に加入していることに

＊1……かつては、公務員や私立学校教職員が加入する公的年金制度は共済年金と呼ばれていたが、2015年10月に「被用者年金一元化法」が施行され、被用者の年金制度は厚生年金に統一された。

日本の年金制度

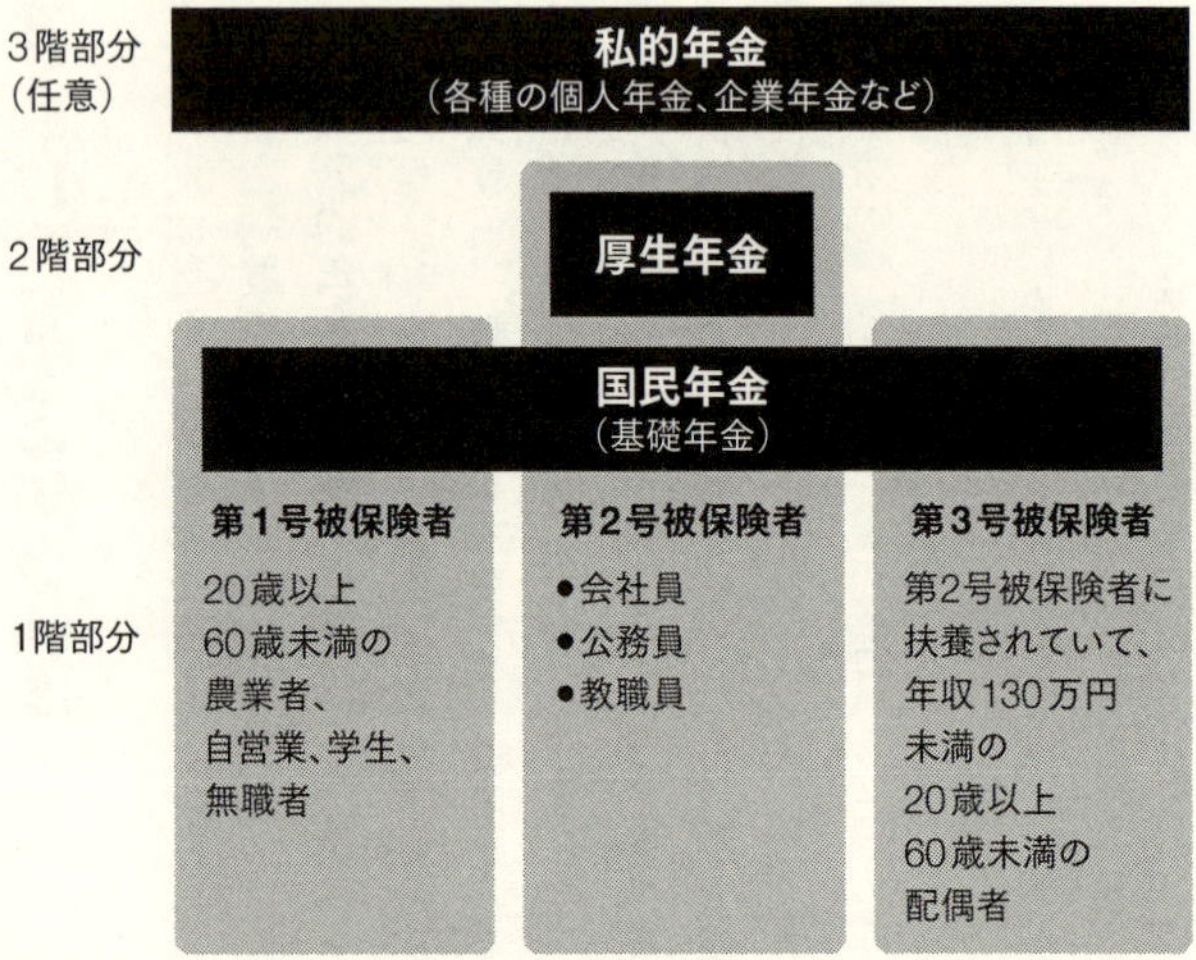

なる。[*2]

なお国民年金、基礎年金、公的年金などの名称が説明なしに使われているため混乱しやすいが、「国民年金」とは制度全体の名称であり、国民年金制度から受けられる給付の種類として老齢基礎年金や障害基礎年金等がある。また、基礎年金と厚生年金を合わせたものが、公的年金と呼ばれる。

＊2……さらに、企業年金や個人年金等の「私的年金」に任意で加入している場合は、3階建てとなる。

(2)国民年金勘定

国民年金、福祉年金、特別障害給付金の3つの事業の収支を担い、約4・2兆円の規模がある。

国民年金事業では、自営業者などの第1号被保険者から徴収した保険料や一般会計からの受入れ（国庫負担金）を主な財源として、基礎年金給付に必要な額を基礎年金勘定へ拠出しており、これが国民年金勘定の歳出の9割以上を占めている。

福祉年金事業は、国民年金制度が発足した1961年4月1日時点で既に高齢であり、受給資格期間を満たしていなかった人に対して、一般会計からの受入れ（国庫負担金）を財源として老齢福祉年金として給付するもの。対象者が少ないため、歳出規模は小さい。

特別障害給付金事業は、年金の受給資格期間を満たしておらず障害基礎年金、障害厚生年金、障害共済年金を受給できない障害者に対して、一般会計からの受入れ（国庫負担金）を財源として特別障害給付金を給付するもの。

(3)厚生年金勘定

厚生年金勘定は、厚生年金保険事業の収支を担い、年金特別会計の中でも最大となる約52兆円の規模がある。主な業務としては、被保険者と事業者が折半して納める保険料（保

[**図表3-23**]国民年金勘定の歳入・歳出(2024年度)

単位:百万円

歳入		
合計		4,244,113
保険収入		3,496,424
	保険料収入	1,232,219
	一般会計より受入 (社会保障関係費の中の「年金給付費」より)	2,192,874
	基礎年金勘定より受入	71,330
	運用収入	1
積立金より受入		531,411
独立行政法人納付金		215,578
雑収入		687
前年度剰余金受入		13

歳出	
合計	4,244,113
特別障害給付金給付費	2,407
福祉年金給付費	10
国民年金給付費	231,209
基礎年金給付費等基礎年金勘定へ繰入	3,880,841
年金相談事業費等業務勘定へ繰入	64,417
諸支出金	64,729
予備費	500

[**図表3-24**]厚生年金勘定の歳入・歳出(2024年度)

単位:百万円

歳入		
合計		51,577,228
保険収入		50,837,317
	保険料収入	35,228,460
	一般会計より受入(社会保障関係費の中の「年金給付費」より)	10,714,231
	労働保険特別会計より受入	5,413
	基礎年金勘定より受入	130,895
	存続厚生年金基金等徴収金	847
	解散厚生年金基金等徴収金	16,621
	国家公務員共済組合連合会等拠出金収入	4,710,935
	存続組合等納付金	29,894
	運用収入	20
積立金より受入		523,879
独立行政法人納付金		203,306
雑収入		12,726

歳出		
合計		51,577,228
保険給付費		25,344,552
	保険給付に必要な経費	24,953,650
	存続厚生年金基金等給付費等負担金に必要な経費	390,902
実施機関保険給付費等交付金		5,052,202
基礎年金給付費等基礎年金勘定へ繰入		20,856,890
年金相談事業費等業務勘定へ繰入		256,314
諸支出金		17,271
予備費		50,000

険料率18・3％）と国庫負担金（一般会計より受入れ）や積立金収入を財源として、基礎年金の上乗せ2階部分となる厚生年金等の給付を25兆円程度行っている。また基礎年金の給付費に充てるための拠出金として基礎年金勘定への繰入れが約21兆円ある。さらに2015年10月から被用者年金制度が厚生年金に統一されたことに伴い、共済組合等が行う保険給付費等にかかる費用に対して、実施機関保険給付費等交付金を約5兆円交付している。以上の3つで歳出のほぼ全額を占めている。

以上の3つの勘定を中心に、公的年金に関する会計間・勘定間のやり取りを図示すると、図表3－25のとおりとなる。複雑に見えるかもしれないが、制度の改正や統合に伴い発生している拠出も多く、基本的に、基礎年金は「基礎年金勘定」、厚生年金は「厚生年金勘定」を通じて行うというお金の流れになっている。そして保険料徴収や保険給付に関わる費用を、交付金を通じて保証している、と捉えられるだろう。

[**図表3-25**]年金特別会計に関する会計間・勘定間の主なやり取り（公的年金関連分）（2024年度）

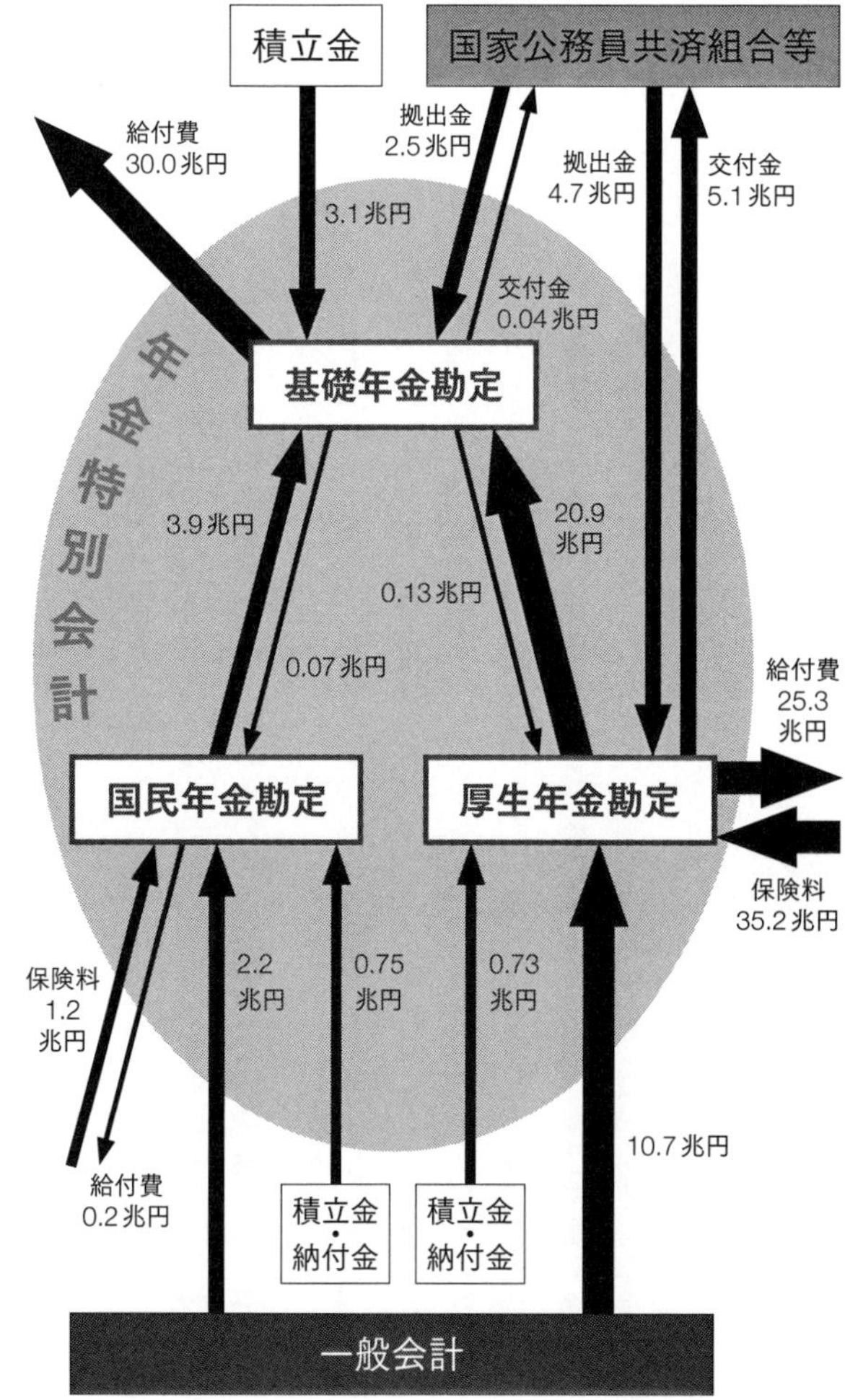

コラム13　公的年金制度は持続可能か

日本の公的年金制度は、必要な財源を「賦課方式」という方法で賄っている。[*1]この方法は、現役世代から年金受給者世代への仕送りのイメージに近く、現役世代が高齢になって年金を受給する頃には、その下の世代が納めた保険料から自分の年金を受け取る仕組みである。

この仕組みは、少子高齢化が進行し保険料を納める現役世代が少なくなると、財源となる収入が減少し、支給する年金額とのバランスが取れなくなる可能性がある。このような事態を避け、年金制度を安定させるための仕組みの一つが「マクロ経済スライド」である。これは、現役世代の人口減少や平均余命の伸びに合わせて、年金の給付水準を自動的に調整する仕組みである。通常、年金額は賃金や物価の上昇に応じて増えていくが、一定期間、賃金や物価の上昇分ほどは年金額を増やさず、保険料収入などの財源の範囲で給付を行えるよう調整し、長期的に年金の財政を運営している。

また現役世代が納めた年金保険料のうち、年金の支払いなどに充てられなかったものは、将来世代のために積み立てられている。この積立金は、年金積立金管理運用独立行政法人（Government Pension Investment Fund：GPIF）という厚生労働省所管の独立行政法人が、今後おおむね100年間で積立金を計画的に活用できるよう、管理・運用を行っている。

　社会や経済の状況が変化しても年金の仕組みが維持できるかどうかは、少なくとも5年ごとに公表される「財政検証」で定期的に見直されている。財政検証とは、年金制度の財政状況を点検し、制度の課題を調査するものであり、制度を定期的に見直すことから、年金制度の「定期健康診断」ともいわれる。[*2]

　財政検証は、主に3つの内容で構成されている。1点目は、財政見通しの作成である。社会・経済の状況を踏まえ、人口や労働力、経済の成長見通しについて複数の仮定を置き、年金の財政状況を試算している（2024年7月に公表された最新の財政検証では、経済見通しを、①高成長実現ケース、②成長型経済移行・継続ケー

＊1……賦課方式に対して、将来自分が年金を受給する時に必要となる財源を、現役世代の間に積み立てておく方式を「積立方式」という。

＊2……財政検証の結果は、将来の状況を正確に予測しているわけではなく、あくまで一定の仮定を置いて将来の姿を投影しているということに留意が必要である。

ス、③過去30年投影ケース、④1人当たりゼロ成長ケースの4パターンに分けて試算している）。2点目は、マクロ経済スライドの開始・終了年度の見直しの作成であり、マクロ経済スライドの調整が終了する時期などを見通している。

3点目は、オプション試算と呼ばれ、現状の年金制度の仕組みを変更した場合の試算を行う。最新の財政検証では、オプション試算は5つあり、[*3] ここで検討対象となった仕組みは、翌年の年金制度改革に盛り込まれる可能性がある。

このように、公的年金制度はマクロ経済スライドや財政検証等によって持続可能となるような体制が整えられている。しかし公的年金だけで老後の暮らしが保障されるわけではない。今後は、個人型確定拠出年金（iDeCo）[*4] などの私的年金も活用し、個人で老後の生活資金を確保する必要があるだろう。

＊3……①被用者保険の適用拡大、②基礎年金の拠出期間延長、③マクロ経済スライドの調整期間の一致、④在職老齢年金の撤廃、⑤標準報酬月額の上限見直しの5つである。

＊4……将来の年金額は、厚生労働省「公的年金シミュレーター」などで把握できる。

（4）健康勘定

健康勘定は、公的医療保険制度のうち、全国健康保険協会（協会けんぽ）が保険者として実施する保険給付や健康診断事業などに対し、政府が負担する経理を担当するもので、約13兆円の規模がある。被保険者・事業主などから徴収する保険料を主な財源として、協会けんぽへ保険料等交付金の交付などを行っている。この規模が11・3兆円あり、健康勘定の予算の約9割を占める。

やや特異なものとして目を引くのは、歳入における「借入金」と歳出における「国債整理基金特別会計への繰入額」約1・4兆円である。これは、協会けんぽの前身である旧・政府管掌健康保険（政管健保）の累積債務に関し、借入金の返済や利子の支払いのために、借り入れ、そして別の特別会計へ繰入れるというお金の動きである。

[**図表3-26**] 健康勘定の歳入・歳出(2024年度)

単位:百万円

歳入			
合計			12,800,894
保険収入			11,259,583
	保険料収入		11,253,739
		健康保険料収入	11,213,039
		船員保険料収入	39,536
		健康保険印紙納付金収入	1,163
	一般会計より受入 (社会保障関係費の中の「生活扶助等社会福祉費」より)		5,778
	日雇拠出金収入		66
運用収入			0
独立行政法人納付金			51
借入金			1,436,702
雑収入			13
前年度剰余金受入			104,545

歳出	
合計	12,800,894
保険料等交付金	11,306,366
業務取扱費等業務勘定へ繰入	45,761
諸支出金	6,287
国債整理基金特別会計へ繰入	1,442,480

コラム14　公的医療保険制度と特別会計

日本の公的医療保険制度では、すべての国民がいずれかの医療保険に加入し保険料を支払うことが義務付けられており（国民皆保険）[*1]、どの医療機関でも医療サービスを受けられる（フリーアクセス）という特徴を持っている。

公的医療保険は、被用者保険、国民健康保険（国保）、後期高齢者医療制度に分かれるが、このうち被用者保険とは、会社員などの被用者とその扶養家族を対象にした公的医療保険である。この被用者保険は、さらに以下の4つに分類され、保険料は被用者の給与水準によって決まり、被用者と事業主が折半している。

1、大企業の被用者やその扶養家族→組合管掌健康保険（健康保険組合）
2、中小企業の被用者やその扶養家族→全国健康保険協会管掌健康保険（協会けんぽ）
3、船員やその扶養家族→船員保険（協会けんぽが運営）

＊1……このほかに、任意で加入することができる「民間医療保険」がある。

日本公的医療保険制度

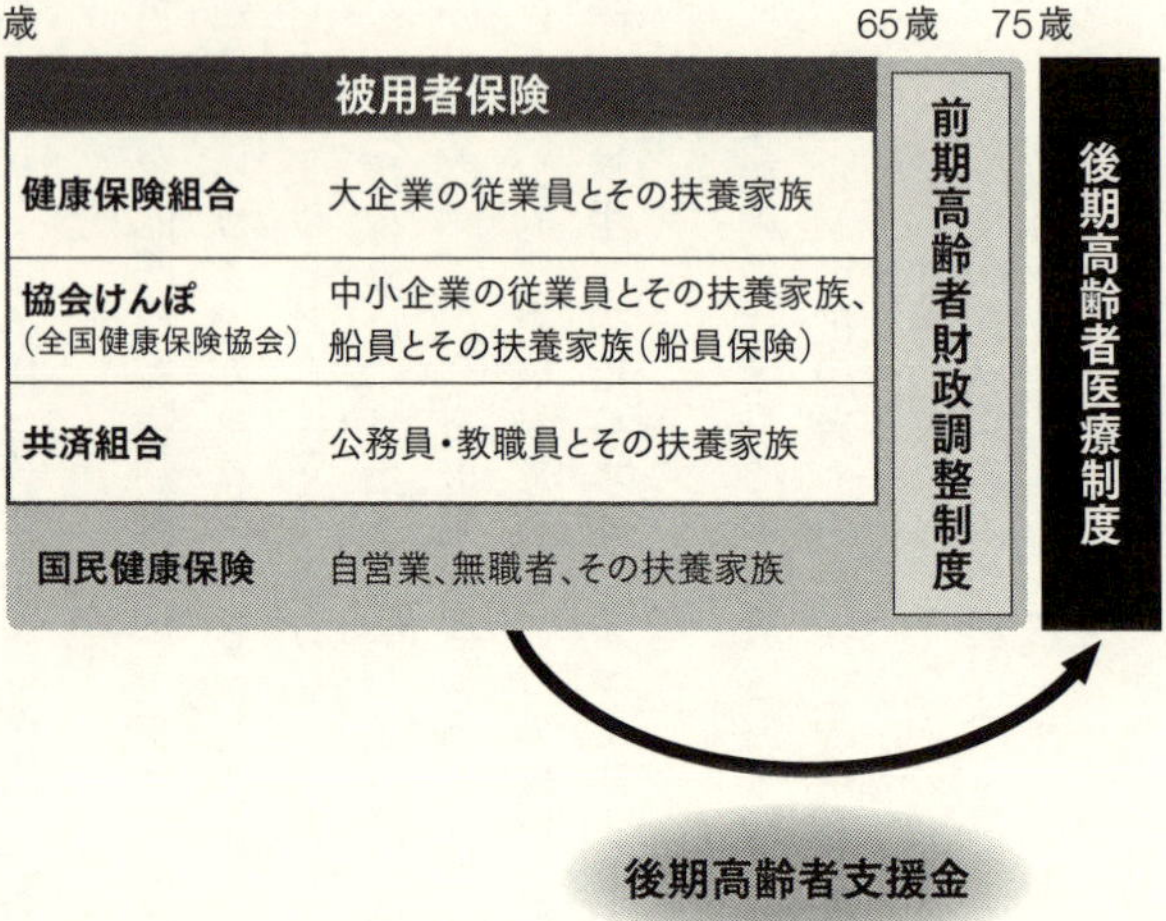

4、公務員・教職員やその扶養家族↓各種共済組合

このうち年金特別会計の健康勘定で扱うのは、協会けんぽが保険者となる2、3に関する国の業務分である。

協会けんぽや健保組合で行われる事業は、「健康保険法」（大正11年法律第70号）に基づいているため、公的医療保険のことを「健康保険」という場合もある。

このほか、国民健康保険は、自営業者や無職の人、およびその扶養家族が加入し市区町村が運営する医療保険である。

　また、後期高齢者医療制度は、75歳以上の高齢者及び65～74歳で一定の障害状態にある人が加入する医療保険であり、制度の運営は、都道府県単位の広域連合が行い、各種届出などの窓口サービスは市区町村が行う。

(5)子ども・子育て支援勘定

「児童手当法」および「子ども・子育て支援法」に基づき、児童手当や子ども・子育て支援に関する収支を管理する会計であり、児童手当の支給や地方公共団体への交付金に充てられている。国庫負担金や事業主からの拠出金を主な財源とし、このうち拠出金は、厚生年金保険が適用される全事業所から厚生年金保険と合わせて徴収され、雇用者が全額を負担している。

2015(平成27)年度から施行された子ども・子育て支援新制度では、就学前の子どもに質の高い教育・保育を提供し、放課後児童健全育成事業など地域の子育てニーズに応じた支援を推進している。2016年度からは、仕事と子育ての両立支援事業も開始され、企業主導型の多様な保育サービスの拡大が支援されている。

勘定名は、制度の改正に伴い変遷しており、2009(平成21)年度以前は「児童手当勘定」、2010(平成22)年度および2011年度は「児童手当及び子ども手当勘定」、2012年度から2014年度までは「子どものための金銭の給付勘定」、2015年度以降は「子ども・子育て支援勘定」となっている。

子ども・子育て支援勘定の歳入額は約3・8兆円で、その7割は一般会計の社会保障関係費の中の少子化対策費、および生活扶助等社会福祉費からの受入で構成されている。具体的には、子どものための教育・保育給付や、児童手当のための財源に充てられている。

一方、歳出額は、子ども・子育て支援推進費が47%、児童手当等交付金が41%を占めている。

[**図表3-27**]子ども・子育て支援勘定の歳入・歳出(2024年度)

単位:百万円

歳入	
合計	3,757,249
事業主拠出金収入	730,942
一般会計より受入 (社会保障関係費の中の「少子化対策費」と「生活扶助等社会福祉費」より)	2,619,734
積立金より受入	103,457
公債金(子ども・子育て支援特例公債金)	221,896
雑収入	10,368
前年度剰余金受入	70,853

歳出	
合計	3,757,249
児童手当等交付金	1,524,557
子ども・子育て支援推進費	1,762,298
地域子ども・子育て支援及仕事・子育て両立支援事業費	459,197
業務取扱費	4,091
諸支出金	417
子ども・子育て支援特例公債事務取扱費一般会計へ繰入	1
国債整理基金特別会計へ繰入	2,688
予備費	4,000

コラム15　2025年度、こども金庫誕生

2023年6月に閣議決定された「こども未来戦略方針」[*1]では、子ども・子育て政策を強化していくため「こども・子育て支援加速化プラン（加速化プラン）」の実施が示された。予算規模は3兆円半ばである。加速化プランを実施することで、こども家庭庁の予算は、約5割増加すると見込まれる。また日本の子ども・子育て関係予算は、子ども1人当たりの家族関係支出でみて、OECDトップレベルのスウェーデンに匹敵する水準となる。

これらの子ども・子育て関係予算の経理は、2025年度に新設される、「こども・子育て支援特別会計（通称、「こども金庫」）」で行われる予定だ。2012

＊1……同方針では、2030年代に入るまでが、少子化傾向を反転できるかのラストチャンスと位置づけられた。また若者・子育て世帯の所得を増やすことや、社会全体の構造・意識を変えること、全ての子ども・子育て世帯を切れ目なく支援することなどに基づき、子ども・子育て政策の抜本的な強化に取り組むことが示された。

年度に設置された「東日本大震災復興特別会計」以来、13年ぶりの特別会計の新設である。こども金庫は、こども家庭庁の所管となり、子ども・子育て政策の全体像と費用負担の見える化を進めることを目的としている。

こども金庫では、現在、こども家庭庁が所管している年金特別会計の子ども・子育て支援勘定と厚生労働省が所管している労働保険特別会計の雇用勘定（育児休業給付）が統合される。さらに、「加速化プラン」の財源となる支援金もこども金庫で経理される予定だ。加速化プランでは、集中取組期間として位置づけられた2028年までの3年間に、子どもや、若者・子育て世代への政策をできる限り前倒しして実施する。

子ども・子育て予算の倍増に向けて、2030年代初頭までに、こども家庭庁予算でみて、国の予算または子ども1人当たりでみた国の予算倍増を目指す。その財源については、「加速化プラン」の効果の検証を行いながら、政策の内容・予算の内容を検討し、社会全体でどのように支えるかさらなる議論が望まれる。

こども・子育て支援特別会計（こども金庫）の構造

既存の特別会計を統合

こども家庭庁所管
【現：年金特別会計 子ども・子育て支援勘定】

主な歳出	主な歳入
児童手当	●子ども・子育て拠出金 ●税財源等
保育所運営費等	●子ども・子育て拠出金 ●税財源等
企業主導型保育	●子ども・子育て拠出金
地域子ども・子育て支援（放課後児童クラブ等）	●子ども・子育て拠出金 ●税財源等

厚生労働省所管
【現：労働保険特別会計 雇用勘定】

主な歳出	主な歳入
育児休業給付	●雇用保険料 ●税財源等

＋

加速化プランによる支援金

1. 経済的支援の強化や若い世代の所得向上に向けた取り組み
…児童手当の拡充、高等教育（大学等）にかかる負担の軽減、など
2. 全てのこども・子育て世帯を対象とする支援の拡充
…「こども誰でも通園制度」の創設、など
3. 共働き・共育ての推進
…育児休業の取得促進、育児期の柔軟な働き方の推進、など
4. こども・子育てにやさしい社会づくりのための意識改革

こども・子育て支援特別会計（こども金庫）

内閣官房「全世代型社会保障構築会議」第14回資料より

（6）業務勘定

業務勘定は、基礎年金、国民年金、厚生年金保険、福祉年金、特別障害給付金、健康保険、船員保険の適用・徴収業務や、子ども・子育て拠出金の徴収業務などを管理するための会計である。これらの事務・事業にかかる収支を経理しており、日本年金機構が行う業務に関する経費は、交付金が出ている。

主な財源は、国民年金勘定や厚生年金勘定からの受入金、そして国庫負担金である。これにより、適用、保険料徴収、年金給付などの業務を行っている。

歳入額は約4900億円で、その75％は他の勘定からの受入である。特に厚生年金勘定からの受入が約2500億円を占めている。次に大きい割合は社会保障関係費の生活扶助等社会福祉費からの受入で、22％を占めている。

一方、歳出額は、66％が日本年金機構の運営費に充てられている。この運営費は、日本年金機構運営費交付金や日本年金機構事業運営費交付金として使われている。次いで26％は主に社会保険オンラインシステム費に充当されている。

[**図表3-28**]業務勘定の歳入・歳出(2024年度)

単位:百万円

歳入	
合計	493,930
一般会計より受入 (社会保障関係費の中の「生活扶助等社会福祉費」より)	106,360
他勘定より受入 (年金特別会計の中の「国民年金勘定」「厚生年金勘定」「健康勘定」「子ども・子育て支援勘定」より)	368,239
特別保健福祉事業資金より受入	18
独立行政法人福祉医療機構納付金	42
雑収入	4,552
前年度剰余金受入	14,719

歳出	
合計	493,930
業務取扱費	41,941
社会保険オンラインシステム費	126,564
日本年金機構運営費	325,331
独立行政法人福祉医療機構納付金等相当財源健康勘定へ繰入	65
一般会計へ繰入	18
予備費	12

9 食料安定供給特別会計——食べ物を安定して国民に届けるための会計

食料安定供給特別会計は、食料の安定供給に向けた施策を一体的に推進するための特別会計であり、農業経営安定勘定・食糧管理勘定・農業再保険勘定・漁船再保険勘定・漁業共済保険勘定・業務勘定・国営土地改良事業勘定の7勘定で構成される。

(1) 農業経営安定勘定

山林が多く広大な農地を確保しにくいなど、日本における農業生産の条件は諸外国と比較して不利な場合がある。特にその影響をうける国産農産物（麦・大豆・てん菜・でん粉原料用ばれいしょ・そば・なたね）の生産・販売を行う農業者へ支払う畑作物の直接支払交付金（通称：ゲタ対策）と、農業者の米・畑作物（米・麦・大豆・てん菜・でん粉原料用ばれいしょ）の販売収入が自然災害などにより低下した場合に収入減を補てんする米・畑作物の収入減少影響緩和交付金（通称：ナラシ対策）の収支を管理する勘定。

歳入額は2414億円。「食糧管理勘定」では政府が小麦の輸入・販売を行っており、その売買で得られた差額は畑作物の直接支払交付金の財源にするため、食糧管理勘定から

［**図表3-29**］食料安定供給特別会計のお金の流れ

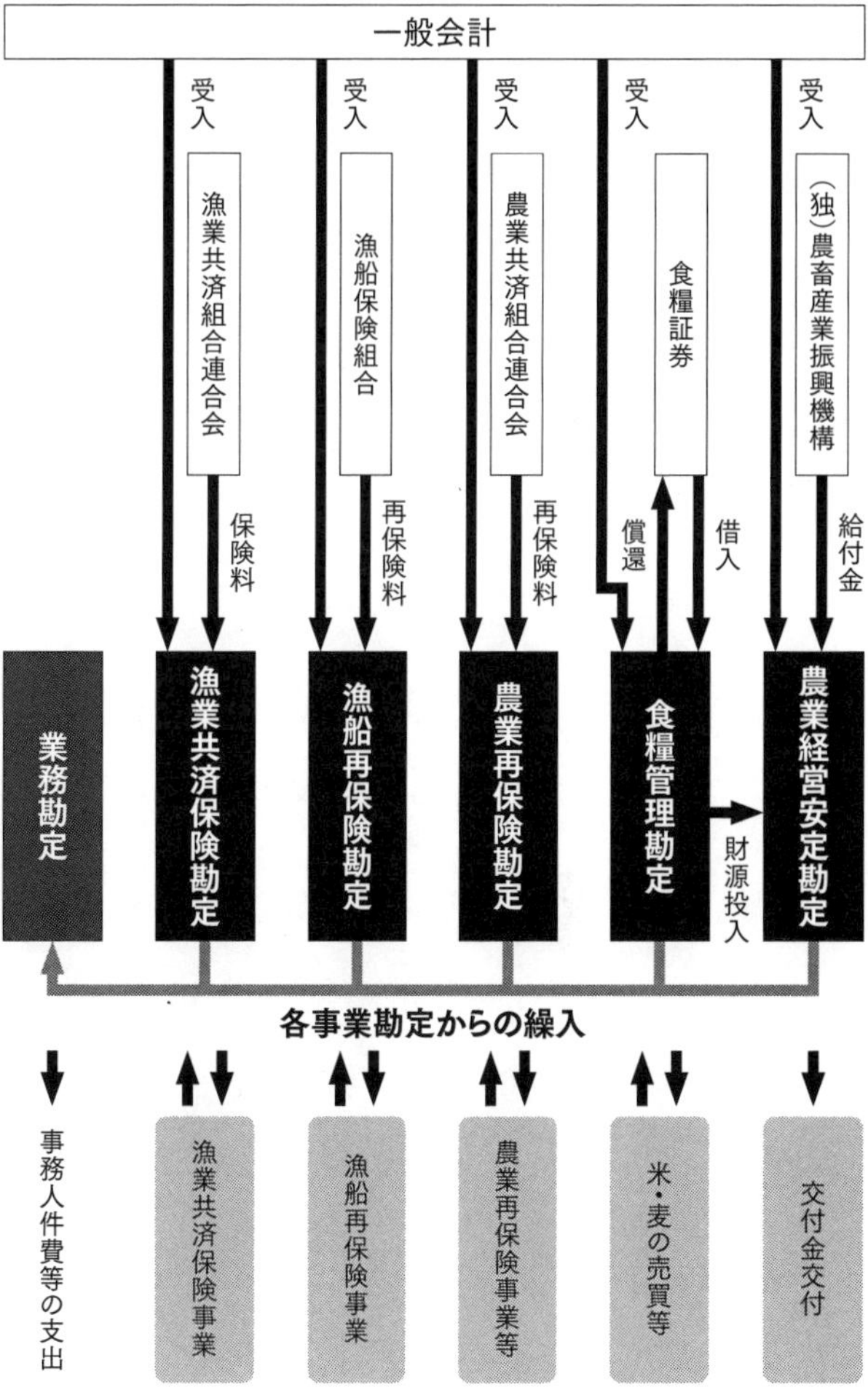

財務省『特別会計ガイドブック』より

［**図表3-30**］農業経営安定勘定の歳入・歳出（2024年度）

単位：百万円

歳入		歳出	
合計	241,376	合計	241,376
他勘定より受入（食糧管理勘定）より受入	91,300	農業経営安定事業費	241,222
一般会計（食料安定供給関係費）より受入	99,176	農業経営安定事業収入減少影響緩和対策業務委託	62
独立行政法人納付金	10,926	農業経営安定事業生産条件不利補正対策交付金	199,236
雑収入	0	農業経営安定事業収入減少影響緩和交付金	41,924
前年度剰余金受入	39,974	事務取扱費業務勘定へ繰入	64
		予備費	90

９１３億円の繰入れがある。また独立行政法人農畜産業振興機構納付金も同様に、粗糖・氷砂糖などの輸入・販売を行っており、１０９億円が納付されている。なお畑作物の直接支払交付金や米・畑作物の収入減少影響緩和交付金の財源不足に対応するため、一般会計（食料安定供給関係費）からも９９２億円を繰入れている。

歳出額は２４１４億円であり、畑作物の直接支払交付金が１９９２億円、米・畑作物の収入減少影響緩和交付金が４１９億円と大半が交付金に用いられる。

コラム16 「令和の米騒動」と減反政策

「令和の米騒動」という言葉を耳にしたことはあるだろうか。歴史の教科書における〝米騒動〟という言葉は打ちこわしなどのイメージを連想させるが、「令和の米騒動」はスーパーからコメが消えた状態を指している。一時的なものであっても主食であるコメを自由に購入することのできない状態に不安を感じた人は少なくないだろう。農林水産省では、食べ物をいつでも購入できる状態とするために様々な取組を行っているが、我が国の主食であるコメはどのような対応が行われてきたのだろうか。

コメ政策の代表的な取組として、コメの価格維持の減反政策がある。減反政策とは、コメを生産する農家に対して麦や大豆等への転作を促しながらコメの生産上限目標を設定し生産量の抑制を目指すものである。戦後の食糧不足時、コメの流通・販売は政府が管理しており、政府が農家からコメを高値で購入し、消費者に安値で販売していた。しかし、農業用機械や農薬の普及などもあり生産が需要を上回ると政府の赤字が拡大してしまったこともあり、コメの生産量を調整する政策が開始された。

1971（昭和46）年に本格的に開始された減反政策は、社会経済状況に応じてそのあり方を変えながら継続されていたが、2018年にはコメ生産量の上限目標の設定が取りやめられるなど減反政策は廃止され、農業者や都道府県などにより自主的にコメの生産計画が行われることとなった（なお目標設定は廃止されたものの、転作等を促す奨励金は継続されているため実質的には廃止されていないという批判もある）。

話は戻るが、「令和の米騒動」の原因は酷暑による品質悪化やインバウンドによる消費の拡大、南海トラフ地震の注意情報による備蓄のための購入増加とする場合や、品不足の影響は一時的であり9月・10月には問題が解消するなどの指摘があった。また減反政策などによりコメの生産抑制が行われていたため生産量に余裕がなくなり今回のようなコメ不足が発生したなどの批判の声もある。「令和の米騒動」の原因が政策であるのかは分からないが、私たちが当たり前のように口にするコメの背景には多くの取組が存在している（次ページで触れる政府によるコメの備蓄に係る取組もある）。

［**図表3-31**］食糧管理勘定の歳入・歳出（2024年度）

単位：百万円

歳入		歳出	
合計	1,128,420	合計	1,128,420
食糧売払代	584,946	食糧買入費	615,181
輸入食糧納付金	502	食糧管理費	37,659
一般会計（食料安定供給関係費）より受入	132,180	交付金（農業経営安定勘定）等他勘定へ繰入	113,060
食糧証券収入	399,600	融通証券等事務取扱費一般会計へ繰入	0
雑収入	11,191	国債整理基金特別会計へ繰入	280,520
前年度剰余金受入	0	予備費	82,000

(2) 食糧管理勘定

米や麦などの国内への安定供給・価格安定のために、国産米の備蓄や、輸入小麦の買付・国内への販売、民間による小麦備蓄支援などを行う勘定。1993（平成5）年、冷夏の影響などにより「平成の米騒動」と呼ばれるほどの米不足に陥り、外国産米を緊急輸入した。その反省から国産米の安定供給のため政府が自ら米を備蓄することにした（ちなみに保管期を過ぎた備蓄米はフードバンクへ寄付されたり、飼料用米として売却される）。また小麦は気候の問題で日本国内での栽培が難しく、国内需要の約9割は輸入で賄っている。国内への安定的な供給のため政府が大口購入者となり小麦を仕入れ、国内の製粉会社に販売している。安定供給に向け、小麦は製粉企業による備蓄を政府が支援している。

歳入額は1兆1284億円。海外から輸入した小

［図表3-32］農業再保険勘定の歳入・歳出（2024年度）

単位：百万円

歳入			歳出		
合計		99,449	合計		95,575
農業再保険収入		60,205	農業再保険費及交付金		80,338
	再保険料	795		農業共済組合連合会等交付金	52,512
	一般会計（食料安定供給関係費）より受入	53,899		家畜共済損害防止事業交付金	450
	前年度繰越資金受入	5,510		賠償償還及払戻金	8
積立金より受入		39,242		再保険金	27,368
雑収入		1	事務取扱費業務勘定へ繰入		937
			予備費		14,300

麦を国内の製粉会社に販売することで得られる差額の食糧売払代が５８４９億円、小麦を輸入・買付する際に短期資金を借り入れるための食糧証券収入が３９９６億円、一般会計（食料安定供給関係費）からの繰入れが１３２２億円ある。

歳出額は１兆１２８４億円であり、小麦を輸入するための食糧買入費が６１５２億円、食糧証券の償還費として国債整理基金特別会計への繰入れが２８０５億円、「農業経営安定勘定」などへの繰入れが１１３１億円、米の販売・管理業務に要する食糧管理費が３７７億円ある。

（3）農業再保険勘定

自然災害による損失を補償する農業共済や、農業者の収入減少を広く補償する農業収入保険など農業共済組合などが引き受ける農業保険の責任の

［**図表3-33**］漁船再保険勘定の歳入・歳出（2024年度）

単位：百万円

歳入		歳出	
合計	8,056	合計	7,008
漁船再保険収入	7,966	漁船再保険費及交付金	6,380
再保険料	0	漁船保険組合交付金	4,286
一般会計（食料安定供給関係費）より受入	6,909	賠償償還及払戻金	5
前年度繰越資金受入	1,057	再保険金	2,088
積立金より受入	84	事務取扱費業務勘定へ繰入	538
雑収入	6	予備費	90

一部を政府が再保険する勘定。農業者が農業共済組合に共済掛金を支払い、農業共済組合が都道府県連合会に保険料を支払い、都道府県連合会が政府に農業再保険として再保険料を支払うことで再保険制度が運用される。

歳入額は994億円。都道府県連合会などから支払われる再保険料が8億円、昨年度からの再保険料の繰越しが55億円、農業経営の安定などに向けた国庫負担として一般会計（食料安定供給関係費）からの繰入れが539億円ある。

歳出額は956億円。大きな災害発生時等に支払われる再保険金が274億円、農業者などの共済掛金にかかる支援・国庫負担などとして農業共済組合連合会等交付金が525億円ある。

（4）漁船再保険勘定

不慮の事故による漁船の損害復旧や補償などについて、

［**図表3-34**］漁業共済保険勘定の歳入・歳出（2024年度）

単位：百万円

歳入			歳出		
合計		28,805	合計		12,452
漁業共済保険収入		28,805	漁業共済保険費及交付金		9,926
	保険料	0		漁業共済組合連合会交付金	4,867
	一般会計（食料安定供給関係費）より受入	12,382		賠償償還及払戻金	1
	前年度繰越資金受入	16,423		保険金	5,058
雑収入		0	事務取扱費業務勘定へ繰入		116
			国債整理基金特別会計へ繰入		2,340
			予備費		70

漁船保険組合が行う漁船保険・漁船船主責任保険・漁船積荷保険を再保険する勘定。

歳入額は81億円。経営基盤が脆弱《ぜいじゃく》な小規模漁業者の経済的負担の軽減や加入拡大のために一般会計（食料安定供給関係費）からの繰入れが69億円、昨年度からの再保険料の繰越しが11億円ある。

歳出額は70億円であり、漁業者の保険料の負担軽減に向けた支援・国庫負担などとして漁船保険組合交付金が43億円、再保険金が21億円となっている。

（5）漁業共済保険勘定

漁業経営の安定のために不漁・魚の価格の低下・自然災害などによる損失を補てんする漁業共済の再保険を行う勘定。

歳入額は288億円。一般会計（食料安定供給関係費）からの繰入れが124億円、前年度繰越資金受

［図表3-35］業務勘定の歳入・歳出（2024年度）

単位：百万円

歳入		歳出	
合計	23,415	合計	23,415
他勘定（農業経営安定勘定等）より受入	23,415	事務取扱費	23,265
雑収入	0	予備費	150
前年度剰余金受入	0		

入が164億円ある。

歳出額は125億円。保険金が51億円、漁業共済組合連合会交付金が49億円、国債整理基金特別会計への繰入れが23億円ある。

（6）業務勘定

農業経営安定勘定、食糧管理勘定、農業再保険勘定、漁船再保険勘定及び漁業共済保険勘定に共通する事務人件費などにかかる収支を管理する勘定。

歳入額は234億円であり、他勘定からの受入れが234億円となっている。

歳出額は234億円であり、事務取扱費が233億円となっている。

（7）国営土地改良事業勘定

土地改良法に基づき行われる農業用の道路・水路や用排水機場の整備・維持管理、農地造成や区画整理などを行う土地改良事業

［**図表3-36**］国営土地改良事業勘定の歳入・歳出（2024年度）

単位：百万円

歳入		歳出	
合計	7,571	合計	7,571
一般会計（農林水産基盤整備事業費）より受入	2,853	土地改良事業費	2,982
土地改良事業費負担金等収入	3,931	土地改良事業工事諸費	478
借入金	700	土地改良事業費負担金等収入一般会計へ繰入	709
雑収入	64	東日本大震災復興土地改良事業費負担金等収入一般会計	1
前年度剰余金受入	23	東日本大震災復興土地改良事業費負担金等収入東日本	26
		国債整理基金特別会計へ繰入	3,194
		予備費	180

のうち大規模なものは政府が実施している。2008（平成20）年度に国営土地改良事業特別会計は一般会計に統合されたが、1998（平成10）年度以前に着工し2007（平成19）年度末までに工事が完了しなかったものについて、道県の財源に支障が生じないように臨時的な措置として食料安定供給特別会計に国営土地改良事業勘定を設けている。2024年度予算ベースで対象となる地区は2地区である。

歳入額は76億円。一般会計（農林水産基盤整備事業費）からの繰入れが29億円、土地改良事業費負担金等収入が39億円である。

歳出額は76億円。土地改良事業が30億円、国債整理基金特別会計への繰入れが32億円である。

10　国有林野事業債務管理特別会計──山や水資源の管理に関する会計

国土や水資源の維持・増進を目的とした国有林の管理経営や、土砂災害の防止や生活環境の保全・形成などに関係する直轄治山事業を行っていた旧国有林野事業特別会計の約1・3兆円の債務を管理する特別会計。2012年に閣議決定された「特別会計改革の基本方針」で、国有林野事業特別会計が廃止されたが、債務を国民の負担にはせず、林産物収入などでの返済を明確化するために臨時的に設置された。2048年度までに債務の償還を完了する予定。

歳入額は3401億円。一般会計（その他事項経費）からは、国有林野の経営から得られる収入から経費を除いた額の258億円が繰入れられる。なお単年度の一般会計からの繰入れ金では借入金の償還に不足するため、民間金融機関から3143億円の借入を行っている（借換えのための借入であり、借入金債務は増加しない）。

歳出額は3401億円。借入金の償還のため全額を国債整理基金特別会計へ繰入れている。

[**図表3-37**]国有林野事業債務管理特別会計のお金の流れ

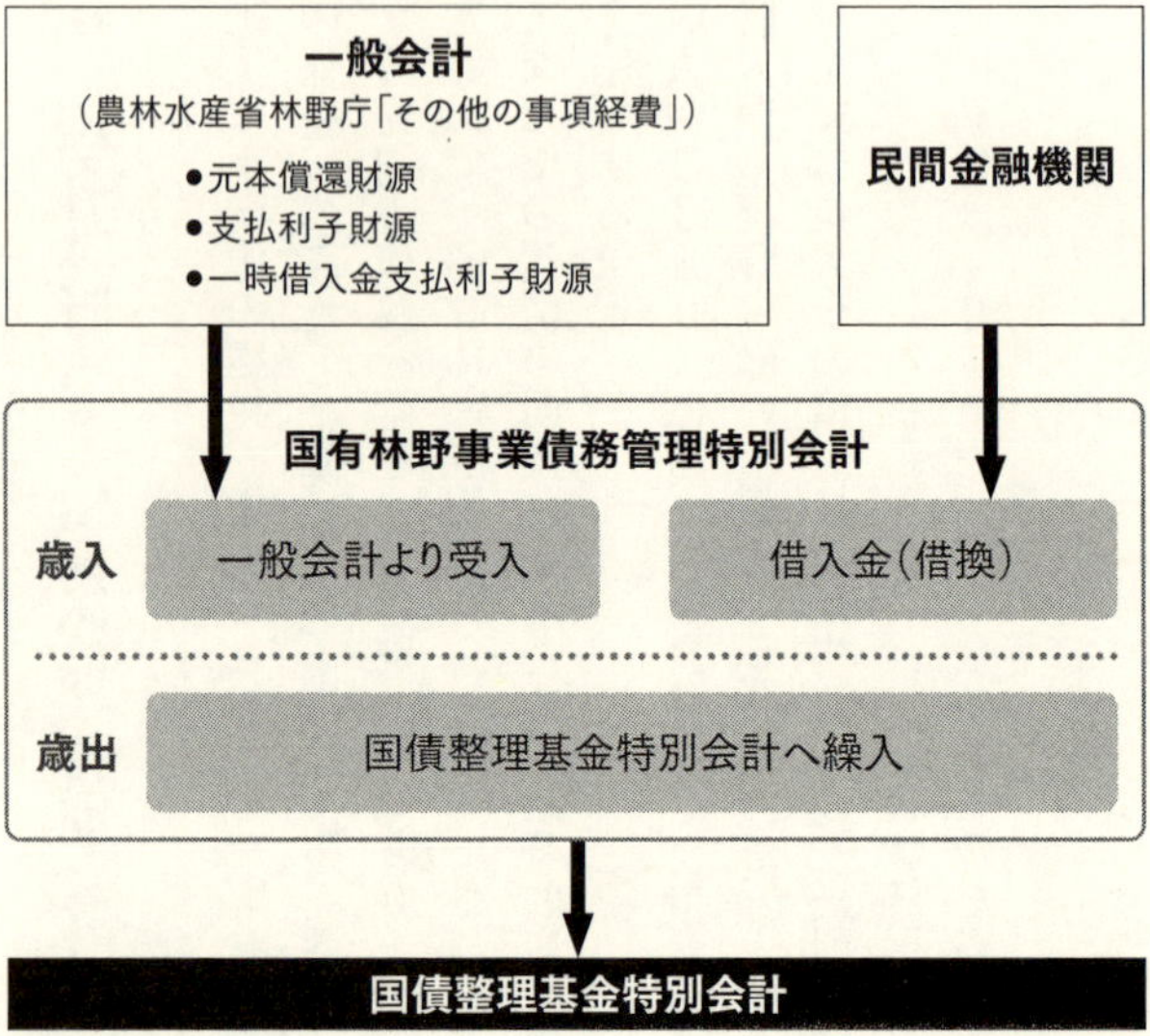

財務省『特別会計ガイドブック』より

[**図表3-38**]2024年度当初予算の歳入・歳出（2024年度）

単位：百万円

歳入		歳出	
合計	340,115	合計	340,115
一般会計より受入（農林水産省林野庁「その他の事項経費」より）	25,815	国債整理基金特別会計へ繰入	340,115
借入金	314,300		

11　特許特別会計——特許に関する会計

経済産業省が所管する特別会計で、経産省の下にある特許庁の予算がそのまま特許特別会計と考えて良い。審査内容の高度化や出願件数の増加に対応し、受益者負担という考えのもと1984年に創設された。前年度剰余金を除いた予算規模は1500億円程度となっている。

特許の出願料、審査請求料、特許を維持するための特許料など、特許制度から直接的な恩恵を受ける特許申請者からの納付金が歳入元であり、特許庁職員の人件費や審査にかかる経費、特許事務のシステムに関係する経費などの支出に使用される。

歳入元として一般財源からの受入れはほとんどなく、特許庁の運営は基本的に自給自足で行われている。内閣府と経済産業省のその他の事項経費より5400万円のみ一般会計から受入れている。

特に近年は、経常的な人件費以外に、必要な審査能力の確保のために任期付審査官の人員維持や、外国語文献調査の充実、特許事務に必要なシステムの運用・改修に支出されているほか、スタートアップや中小企業の知的財産活用支援や、特許情報プラットフォーム

[**図表3-39**]特許特別会計の仕組み

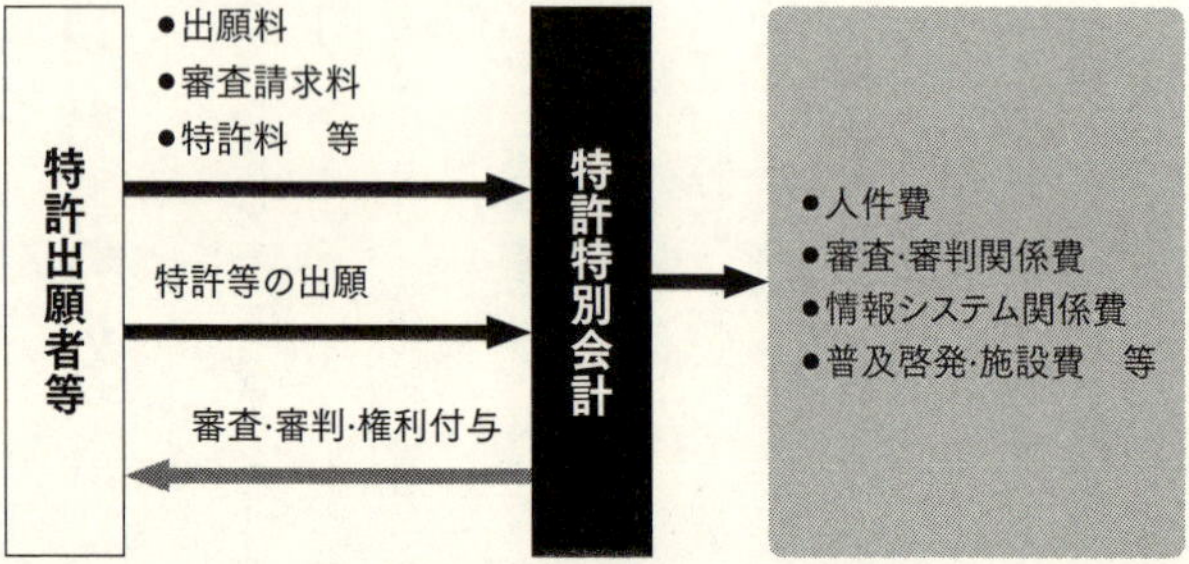

[**図表3-40**]特許特別会計の歳入・歳出(2024年度)

単位:百万円

歳入		歳出	
合計	236,915	合計	152,115
特許料等収入	153,758	独立行政法人工業所有権情報・研修館運営費	11,554
特許印紙収入	3,177	事務取扱費	139,437
特許料等収入	150,581	施設整備費	1,024
他会計より受入	54	予備費	100
一般会計より受入(内閣府・経済産業省の「その他の事項経費」)	54		
独立行政法人納付金収入(独立行政法人工業所有権情報・研修館納付金収入)	4,012		
雑収入	254		
前年度剰余金受入	78,836		

の運営を行っている独立行政法人工業所有権情報・研修館（ＩＮＰＩＴ）の運営費も本特別会計に含まれている。

12　自動車安全特別会計――車と空港に関する会計

国土交通省が所管する特別会計であり、自動車事故対策勘定、自動車検査登録勘定、空港整備勘定の３つの勘定から構成される。この特会は、２００８年度に自動車検査登録特別会計と自動車損害賠償保障事業特別会計を統合して設置された。さらに公共事業の会計を担当していた社会資本整備事業特別会計が廃止（２０１３年度末）されたのに伴い、経過措置として、空港整備などに関する経理として空港整備勘定が設けられた。

（1）自動車事故対策勘定

歳入８２５億円の約75％は、前年度からの剰余金であり、強制保険である自動車損害賠償責任保険（自賠責保険）に含まれる賦課金[*6]が約13％（自家用車１台当たり年間４円に相当）、

[図表3-41] 自動車安全特別会計の収入と事業内容

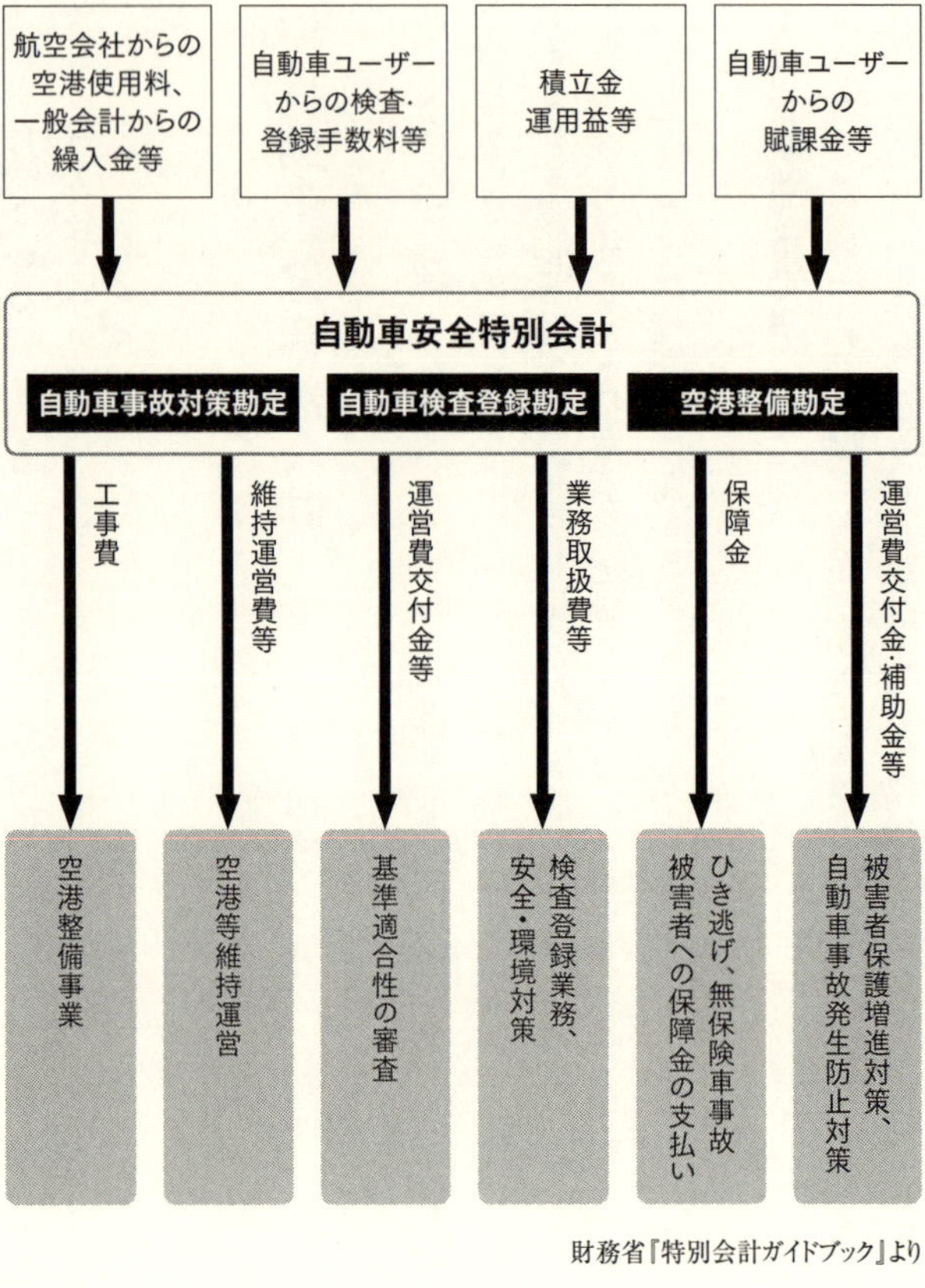

財務省『特別会計ガイドブック』より

[図表3-42] 自動車事故対策勘定の歳入・歳出（2024年度）

単位：百万円

歳入		歳出	
合計	82,520	合計	22,271
自動車事故対策事業収入（賦課金収入）	10,513	自動車損害賠償保障事業費	1,276
積立金より受入	2,659	自動車検査登録勘定へ繰入（自動車事故対策事業等に係る業務取扱費の財源）	1,195
一般会計（その他の事項経費）より受入	6,500	再保険及保険費	112
償還金収入	462	被害者保護増進等事業費	9,809
雑収入	786	独立行政法人自動車事故対策機構運営費	9,658
前年度剰余金受入	61,601	独立行政法人自動車事故対策機構施設整備費	171
		予備費	50

一般会計「その他の事項経費」からの繰入れが約8％を占める。

歳出の約223億円のうち、ひき逃げ・無保険車両事故の被害者に対する保障金の支払いに必要な経費支出、独立行政法人自動車事故対策機構が行う重い障害を負った被害者に対する保護増進対策、自動車事故発生防止対策等で90％以上を占める。また自動車検査登録勘定への繰入れが5％程度ある。

＊6……賦課金とは、ある事業を行うことを目的に納付する金額のこと。この場合は、恩恵を受ける人（自賠責保険の加入者）が負担するよう、割り当てられた金額のこと。

コラム17　政府による自動車損害賠償保障事業

加害者が、自賠責保険に加入していない無保険車両（有効期限切れの場合など）で自動車事故を起こした場合や、ひき逃げで加害者が不明である場合、自賠責保険への請求ができない。

このような場合に備え、政府（国土交通省）は、被害者の請求により、政令で定める金額の範囲内で、自賠責保険と同等の金額を支払っている。その後、加害者に対して請求する。政府が立替払いをして、その後、加害者から債権回収を行う、というスキームである。

国土交通省の資料によれば、2020～2022年度の3年間での支払保障金額は、それぞれ約5億円、約8・1億円、約3億円となっている。一方、2022年度の債権回収額は約3・3億円である。

（参考）国土交通省（2023）「自動車損害賠償責任保険制度について」

［**図表3-43**］自動車検査登録勘定の歳入・歳出（2024年度）

単位：百万円

歳入			歳出	
合計		46,307	合計	43,596
検査登録手数料収入		37,735	独立行政法人自動車技術総合機構運営費	2,155
	検査登録印紙収入	22,488	独立行政法人自動車技術総合機構施設整備費	1,831
	検査登録手数料収入	15,247	業務取扱費	37,823
一般会計（その他の事項経費）より受入		265	施設整備費	1,687
自動車事故対策勘定より受入		1,195	予備費	100
雑収入		137		
前年度剰余金受入		6,975		

なお政府が自賠責保険の再保険を担っていた時代の積立金をもとにした再保険金の支払いに必要な経費も支出している。

（2）自動車検査登録勘定

歳入の8割以上（約378億円）を、自動車ユーザーからの検査登録印紙収入およびその手数料が占めている。また一般会計の「その他の事項経費」から、自動車重量税の納付確認や税額認定の事務にかかる経費の財源として約2・7億円を受入れており、歳入規模合計は、約463億円となっている。

これを基に、自動車の安全対策や、基準適合審査などの環境対策、およびそれに関わる人件費、事務費を「業務取扱費」から支出しており、この費目だけで歳出全体の8割以上を占めてい

［**図表3-44**］空港整備勘定の歳入・歳出（2024年度）

単位：百万円

歳入		歳出	
合計	394,513	合計	394,513
空港使用料収入	221,996	空港等維持運営費	156,058
着陸料等収入	80,141	空港整備事業費	166,092
航行援助施設利用料収入	141,855	航空路整備事業費	26,608
一般会計より受入（港湾空港鉄道等整備事業費より）	29,491	受託工事費	92
地方公共団体工事費負担金収入	8,771	国債整理基金特別会計へ繰入	33,263
借入金	36,000	空港等災害復旧事業費	288
償還金収入	9,169	空港等整備事業工事諸費	1,711
受託工事納付金収入	92	成田国際空港等整備事業資金貸付金	10,100
空港等財産処分収入	160	予備費	300
雑収入	55,572		
前年度剰余金受入	33,263		

る。その他の歳出項目としては、独立行政法人自動車技術総合機構の運営費交付、施設整備費などがある。

（3）空港整備勘定

　空港の整備維持に関する経理を担う会計。前身は、1970年に設置された空港整備特別会計であり、その後公共工事の見直しに伴い、2008年度に社会資本整備事業特別会計に統合されて「空港整備勘定」となり、さらに2013年度末で同特会廃止に伴い、借入金償還完了年度末日までの経過勘定として、自動車安全特別会計に統合された。

日本の空港には、国管理空港、地方管理空港、会社管理空港などの区分があるが、空港の管理形態にかかわらず、空港整備勘定を通じた空港整備事業が行われている。

歳入額の約56％は航空会社が支払う着陸料（機体の重さに応じて課金される）や航路の保安施設（通信・管制施設など）の利用料としての「空港使用料収入」であり、また約7％は一般会計（港湾空港鉄道等整備事業費）から受入れている。

一方、歳出額の9割弱は、整備が終わった国管理空港の「空港等維持運営費」と、主要空港から離島空港に至るまでの国・地方管理空港の滑走路建設、改修などの「空港整備事業費」に用いられる。また借入金の償還に充てるための国債整理基金特別会計への繰入れが8％程度を占める。

コラム18　進む空港運営の民営化

日本には97の空港がある。飛行機に乗れば簡単に国境を越えられるため、空港は国が管理するものと思われがちだが、実は民営化が進んでいる。国土交通省によれば、次のように分類されている。

A．拠点空港：28
・会社管理空港：4（成田、中部、関西、大阪国際［伊丹］の4空港）
・国管理空港：19（東京国際［羽田］、新千歳、福岡など）
・特定地方管理空港（国が設置し地方公共団体が管理）：5（旭川、帯広、秋田、山形、山口宇部）
B．地方管理空港：54（静岡、神戸、能登など）
C．その他空港：7（調布、但馬など）
D．（自衛隊との）共用空港：8（三沢、百里、岩国など）

空港整備勘定からは、空港の管理形態にかかわらず歳出が行われており、また会社管理空港会社やその運営会社には、財政投融資資金も投じられている。なお国や地方公共団体に施設の所有権を残したまま、滑走路やビルなどの長期運営権を民間が取得し、空港の維持管理や運営を担うコンセッションと呼ばれる事業形態も増加しつつあり、２０２４年時点では全国19空港で実施されている。民間の創意工夫を生かし、滑走路やターミナルビル等を一体的に効率的に経営すれば、たとえば、ターミナルビルでの商業的利益をもとに着陸料を割り引いて航空ネットワークを充実させ、交流人口の拡大や地域活性化につなげる、という可能性も出てくる。

拠点空港としての日本初のコンセッションは、関西国際空港と大阪国際空港（伊丹空港）（ともに会社管理空港）の運営を対象に、２０１６年４月から関西エアポート株式会社によって開始された（２０１８年からは地方管理空港である神戸空港を対象に追加）。北海道では、北海道エアポート株式会社が、新千歳空港など道内の国管理空港・地方管理空港計7空港をまとめて運営している。仙台や広島、福岡等の国管理空港でもコンセッションが実施されているほか、静岡、鳥取等の地方管理空港でもコンセッションが導入されている。

13 東日本大震災復興特別会計——東日本大震災に関する会計

２０１１年3月11日に発生した東日本大震災からの復興に関する国の資金の流れの透明化、復興債の償還管理のために、全省庁が共管する特別会計として、２０１２年度に設置された。

所得税に上乗せされて徴収されている復興特別所得税、復興債発行、原子力事業者からの負担費用などの税外収入[*7]（税金以外の収入）を財源としている。復興特別所得税については、復興事業に必要な経費、復興債の償還に充てるが、できるだけ負担をなだらかにするため、25年間課されることとなっている。

なお財源として、当初は法人税に上乗せされて徴収されている復興特別法人税が設けられていたが、消費税が引き上げられたことや企業の活性化を図るため、２０１４年に廃止されている。

歳入については復興特別所得税がおよそ59％を占め、原子力事業者からの負担費用などを含む雑収入が17％、復興公債金が23％となっている。歳出について、復興事業の多くは終了していることもあり、原子力災害復興関係経費（除去土壌の管理など）が53％となって

[**図表3-45**] 東日本大震災復興特別会計のお金の流れ

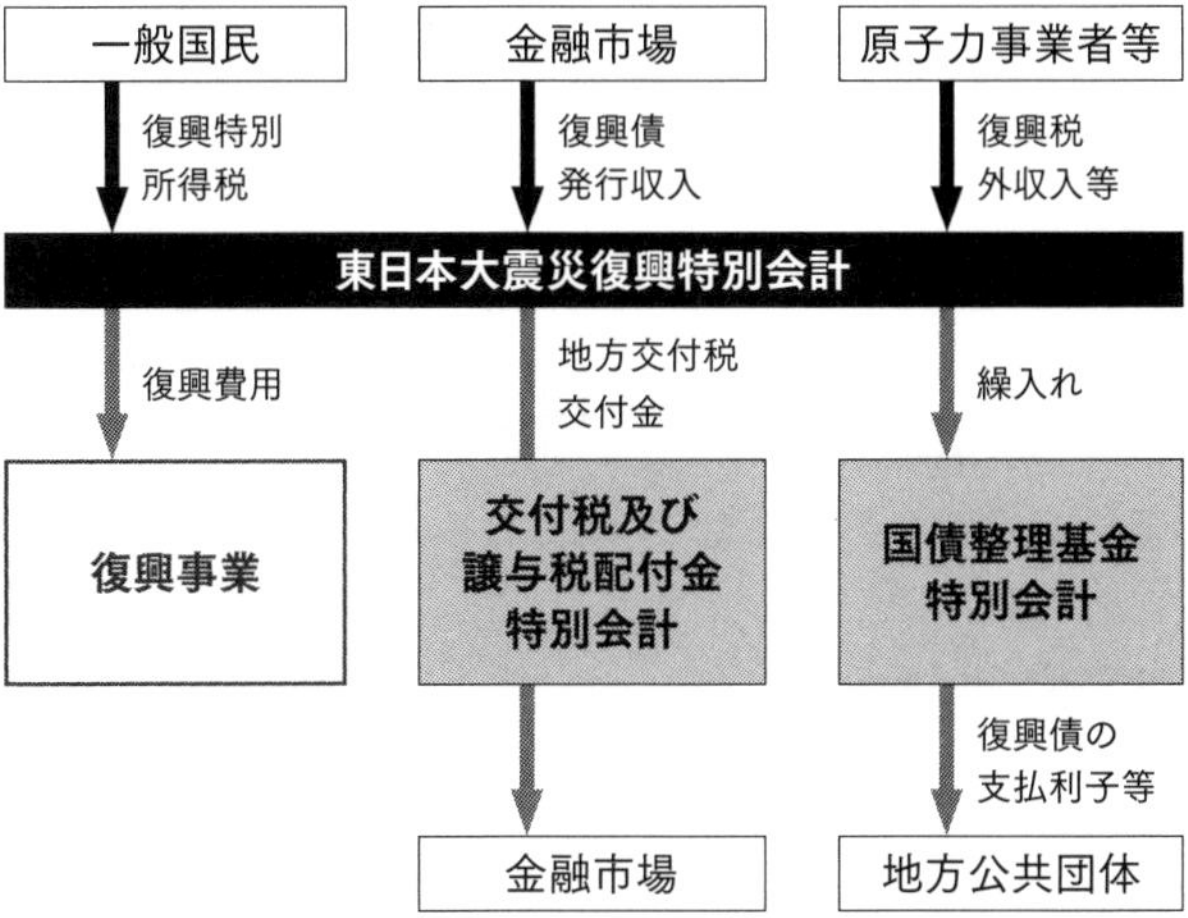

財務省『特別会計ガイドブック』より

いる。現状における復興特会は、復興公債の管理を除けば、所得税に上乗せされて徴収されている復興特別所得税と原子力事業者からの負担費用などを財源として、主に原子力災害復興などを行う特会

＊7……放射性物質汚染対処特措法（正式名称は「平成二十三年三月十一日に発生した東北地方太平洋沖地震に伴う原子力発電所の事故により放出された放射性物質による環境の汚染への対処に関する特別措置法」）により、「事故由来放射性物質による環境の汚染」に対処するための経費は、原子力事業者が負担することになっている。

[**図表3-46**]2024年度当初予算の歳入・歳出

単位:百万円

歳入		歳出	
復興特別所得税	376,000	災害救助等関係経費(※仮設住宅、スクールカウンセラー派遣等の経費)	3,059
一般会計より受入	5,721	復興関係公共事業等(※災害復旧、一般公共事業の経費)	56,039
特別会計より受入	26	災害関連融資関係経費(※被災中小企業等の融資に必要な経費)	1,285
復興公債金	146,100	地方交付税交付金(※復興事業に係る地方負担に対する交付税措置の経費)	56,974
公共事業負担金収入	22	原子力災害復興関係経費(※除去土壌の管理、福島の再生加速の経費)	332,731
雑収入	105,197	その他東日本大震災関係経費	77,554
		国債整理基金特別会計への繰入等(※復興債の利子支払いに必要な経費等)	25,424
		復興加速化・福島再生予備費(※予見しがたい予算の不足に充てるための予備費)	80,000
合計	633,066	合計	633,066

財務省『令和6年度予算及び財政投融資計画の説明』より

として機能している。

なお東日本大震災が発生した直後の２０１１年度から２０２０年度までの合計を見ると、財源・経費ともに２０２４年度とは大きく異なっている。

支出について、災害救助等関係経費、災害廃棄物処理事業費、復興関係公共事業等、災害関連融資関係経費の合計で36％となり、およそ3分の1を占めていた。また２０２４年度において歳出の58％を占める原子力災害復興関係経費は、２０１１年度から２０２０年度まででは20％に過ぎない。

[**図表3-47**]復旧・復興予算の経費項目別の執行状況(2011年度〜2020年度)

単位:億円

復旧・復興事業の財源等		復旧・復興予算の経費項目別の執行状況			
			予算現額	支出済額	不用額
復興特別所得税	30,830	災害救助等関係経費	11,259	10,058	1,201
復興特別法人税	22,995	災害廃棄物処理事業費	12,894	11,502	1,386
一般会計より受入	103,057	復興関係公共事業等	101,884	77,456	20,945
特別会計より受入	11	災害関連融資関係経費	16,981	16,568	413
復興公債金	173,933	地方交付税交付金	60,678	58,790	1,888
公共事業負担金収入	5,133	東日本大震災復興交付金	34,834	33,281	1,552
災害等廃棄物処理事業費負担金収入	45	原子力災害復興関係経費	75,220	61,223	13,439
雑収入	41,679	その他の東日本大震災関係経費	61,114	54,149	6,694
前年度剰余金受入	126,769	国債整理基金特別会計への繰入等	37,859	37,208	650
歳出予算の既定経費の減額	38,643	全国防災対策費　その他経費項目	34,750	21,473	13,276
うち震災関係以外の経費の財源	-29,104				
合計	514,045	合計	447,478	381,711	61,148

会計検査院『東日本大震災からの復興等に関する事業の実施状況等について』より

[図表3-48] 復旧・復興予算の経費項目別の執行状況（2011年度～2020年度）と
2024年度復興特別会計予算の比較

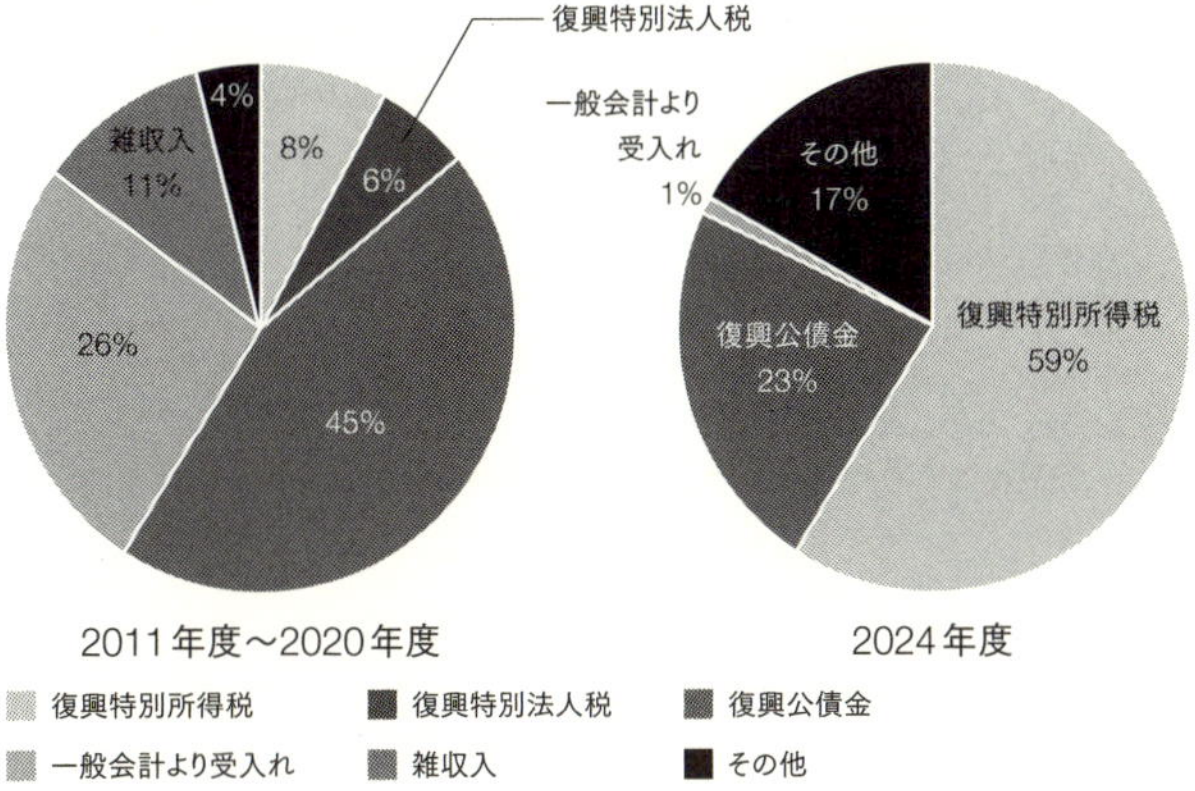

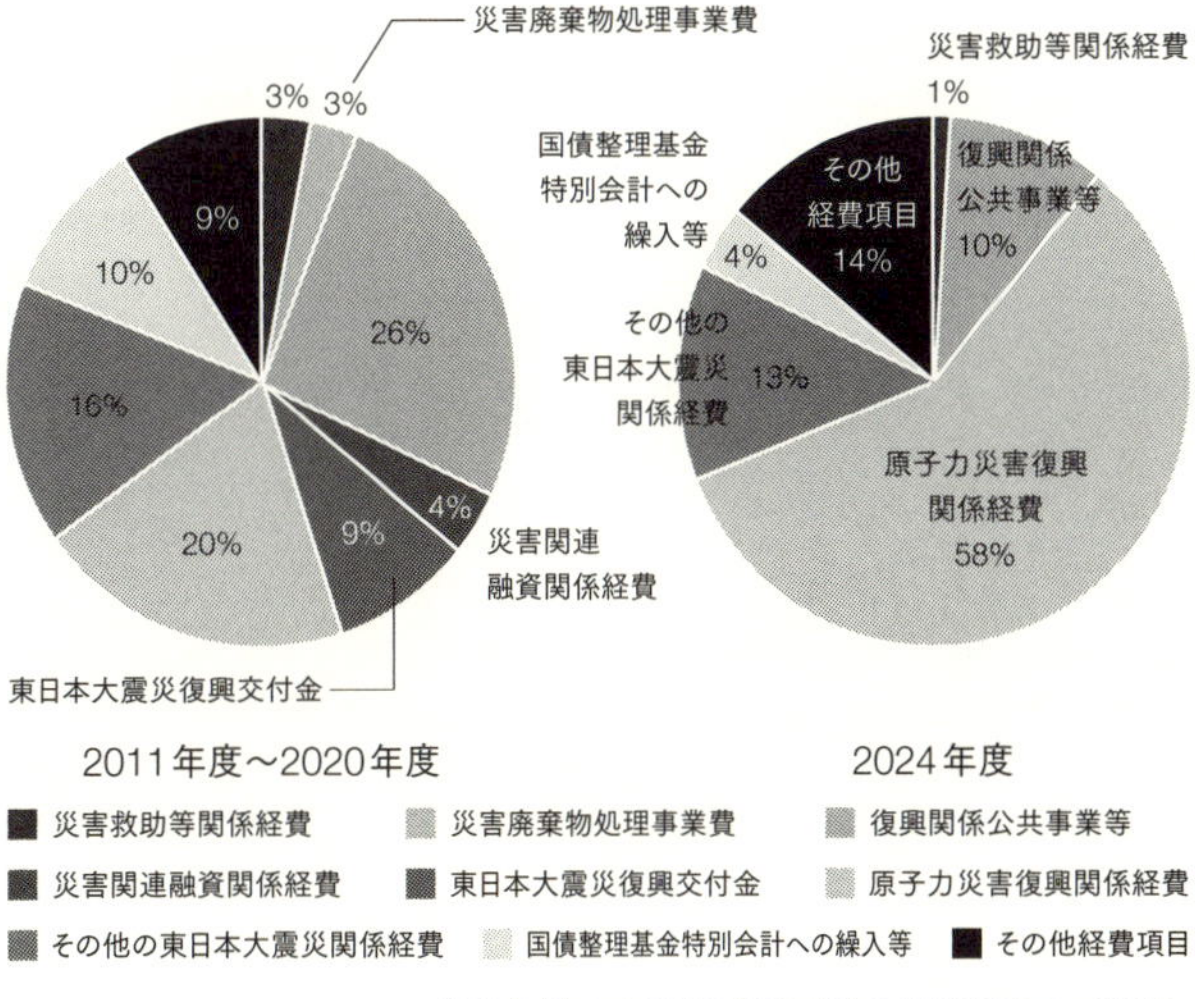

財務省『令和6年度予算及び財政投融資計画の説明』、
会計検査院『東日本大震災からの復興等に関する事業の実施状況等について』より

第4部

政府関係機関

ここでは、特別法によって設立された全額政府出資法人であり、予算・決算について、国会の議決を必要とする4機関の予算について解説する。

1 沖縄振興開発金融公庫――沖縄のための政府系金融機関

沖縄における政府系金融機関として、政策金融を一元的・総合的に担っている。地域に密着した政策金融機関として、産業開発・中小企業・生活衛生などの資金の貸付を行っている。

沖縄振興開発金融公庫の役割として、社会・経済状況の変化に対するセーフティネット機能や新事業展開への支援がある。地域のセーフティネットとしては、台風などの自然災害発生時に特別相談窓口を設置して対応している。また沖縄経済の担い手となる新事業の創業者や、中小企業・小規模事業者を支援している。

（１）組織の沿革

沖縄の本土復帰後の経済社会の発展を促進するため、沖縄県のみを対象とした唯一の政府系金融機関として、１９７２年５月に設立された。設立に際しては、琉球政府により設立された大衆金融公庫などの資産や業務を引き継いでいる。かつては北海道東北開発公庫などが存在していたが、事業統合により現存する唯一の地域別公庫となっている。那覇市に所在する本店のほか、沖縄県内に４つの支店と東京本部を有している。

なお沖縄振興特別措置法の改正（２０２２年４月１日施行）に伴う「簡素で効率的な政府を実現するための行政改革の推進に関する法律」の一部改正により、沖縄振興開発金融公庫は、２０３２年度以降に株式会社日本政策金融公庫に統合する予定である。

（２）収入と支出

２０２４（令和６）年度資金計画と収入支出予定額科目別表を順に見ていく。後者の収入支出予定額科目別表では、前者の資金計画から収入と支出の項目を取り出して、詳細な金額を説明している。

資金計画によると、収入および支出は約３７００億円の規模である。主な収入の項目として、借入金１９６２億円、貸付回収金１２３８億円が計上されている。借入金のほぼ全額は、財政融資資金からの出資金である。主な支出の項目としては、貸付金２２２６億円、借入金償還９４７億円となっている。

収入支出予定額科目別表によると、収入は約１３７億円、支出は約１１１億円である。収入のうち約９割は貸付金利息が占め、残りの１割には、一般会計からの受入れが含まれる。一般会計からの受入金額は、内閣府のその他の事項経費（沖縄政策の推進に必要な経費）から来ている。支出の大部分は、支払利息や職員への給与の支払いが占めている。

（３）今後の課題

沖縄振興開発金融公庫は、地域に根ざした政策金融機関として、沖縄の振興開発に貢献してきた。しかし活動の範囲はあくまで沖縄県に限定されており、海外進出や輸出促進を目指す事業者の支援のためには、外部の専門機関との連携が必要となる。

今後の活動を検討する際には、株式会社日本政策金融公庫への統合予定を考慮する必要がある。

[**図表4-1**]2024年度資金計画の収入・支出

2024年度資金計画　単位:百万円

収入		
合計		368,741
前期末現金預け金		17,113
出資金		7,100
	一般会計出資金	100
	産業投資出資金	7,000
借入金		196,200
	財政融資資金借入金	194,600
	独立行政法人勤労者退職金共済機構借入金	1,600
債券		10,801
	沖縄振興開発金融公庫債券	10,000
	住宅宅地債券	801
寄託金		10
貸付回収金		123,837
事業益金		12,698
一般会計より受入(その他の事項経費:沖縄政策の推進に必要な経費)		955
エネルギー対策特別会計より受入		3
雑収入		23

支出		
合計		368,741
貸付金		222,610
出資金		3,700
借入金償還		94,682
	財政融資資金借入金償還	93,270
	一般会計借入金償還	0.485
	独立行政法人勤労者退職金共済機構借入金償還	1,412
債券償還金		20,671
固定資産取得費		989
事業損金		10,939
	事務費	5,689
	業務委託費	128
	借入金利息	4,377
	債券利息	686
	債券発行諸費	58
予備費		150
期末現金預け金		15,000

収入支出予定額科目別表　単位:百万円

収入		
合計		13,680
事業益金	貸付金利息	12,680
	配当金収入	18
一般会計より受入(その他の事項経費:沖縄政策の推進に必要な経費)		955
エネルギー対策特別会計より受入		3
雑収入	労働保険料被保険者負担金	12
	雑収入	11

支出		
合計		11,089
事業損金		10,939
	役員給	87
	職員基本給	1,213
	職員諸手当	624
	超過勤務手当	136
	退職手当	379
	諸支出金	420
	旅費	100
	業務諸費	2,665
	交際費	0.9
	債権保全費	14
	税金	49
	業務委託費	128
	支払利息	5,064
	債券発行諸費	58
	賠償償還及払戻金	0.1
予備費		150

2　株式会社日本政策金融公庫（ＪＦＣ）——国民のための政府系金融機関

国民生活に役立つ政策金融機関として、国民生活事業・農林水産事業・中小企業事業の3つの事業のほか、大規模自然災害や経済危機に対処するため、危機対応円滑化業務を行っている。すべての事業において、民間の金融機関による業務の補完を中心としている。

日本政策金融公庫では、国債の財投債をもとにする財政融資資金借入金、政府による元本と利息の保証のもとで発行する政府保証債、政府の保証なしに個別の機関が発行する財投機関債、政府の一般会計からの出資金などによって資金を調達している。調達した資金は、事業ごとに区分して管理を行っている。

（1）組織の沿革

日本政策金融公庫は、政策金融改革により２００８年10月に設立された。それまで個別の組織として事業を行っていた国民生活金融公庫、農林漁業金融公庫、中小企業金融公庫、国際協力銀行の国際金融部門が一つに統合されて、日本政策金融公庫となった。

その後、２０１２年には国際協力銀行業務が分離され、株式会社国際協力銀行が発足した。

（2）収入と支出

２０２４年度資金計画をもとに、日本政策金融公庫の収入と支出を見ていく。国民一般向け業務、農林水産業者向け業務、中小企業者向け業務、信用保険等業務、危機対応円滑化業務、特定事業等促進円滑化業務のそれぞれの業務ごとに、収入と支出が管理されている。

国民一般向け・農林水産業者向け・中小企業者向け業務の収入の8割以上は、貸付回収金と財政融資資金借入金が占めている。同じく支出の約9割は、貸付金と借入金の償還に充てられている。

次に、一般会計との関係を確認する。国民一般向け業務の一般会計からの受入金額は、財務省の中小企業対策費（政府関係金融機関の運営に必要な経費）や厚生労働省の保健衛生対策費（生活衛生金融対策に必要な経費）から来ている。農林水産業者向け業務の一般会計からの受入金額は、農林水産省の食料安定供給関係費（担い手育成・確保などの対策に必要な経費）から拠出されている。中小企業者向け業務の一般会計からの受入金額は、中小企業庁の中小企業対策費（中小企業政策の推進に必要な経費）を出どころとしている。

［**図表4-2**］日本政策金融公庫の資金の流れ

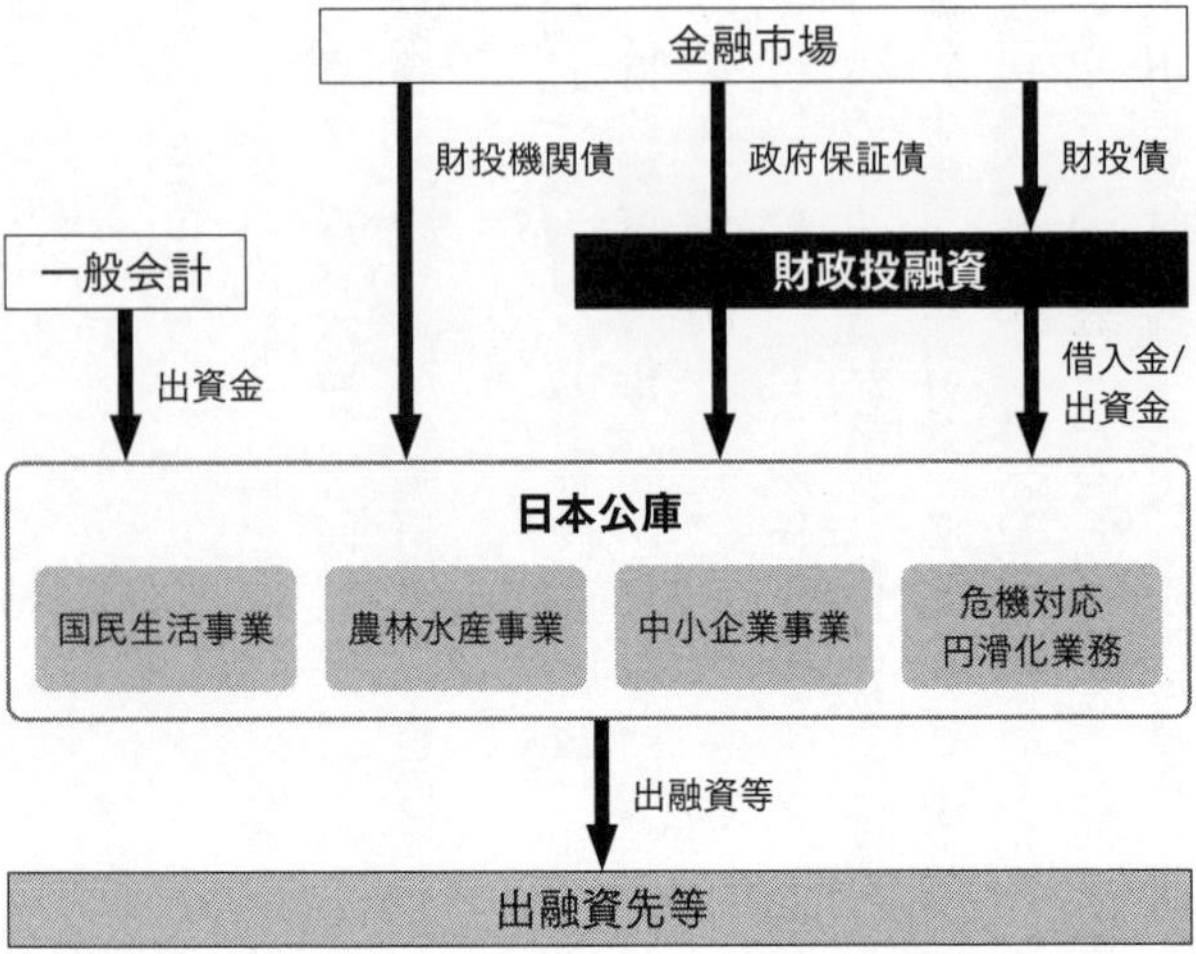

日本政策金融公庫ホームページより
https://www.jfc.go.jp/n/company/sikin.html

さらに、信用保険等業務の一般会計出資金は、財務省の中小企業対策費（政府関係金融機関の運営に必要な経費）、危機対応円滑化業務の一般会計からの受入金額は、財務省のその他の事項経費（危機対応円滑化業務に必要な経費）をもとにしている。

特定事業等促進円滑化業務の一般会計からの受入金額は、内閣府のその他の事項経費（経済安全保障の確保の推進に必要な経費）や経済産業省のその他の事項経費（経済構造改革の推進に必要な経費）、国土交通省のその他の事項経費（海事産業の市場環境整備・活性化等の推進に必要な経費）から受入れがなされている。

[**図表4-3**] 2024年度「国民一般向け業務」の資金計画の収入・支出

単位：百万円

収入		
合計		5,102,820
前期末現金預け金		100,295
東日本大震災復興 特別会計出資金		116
財政融資資金借入金		1,760,000
社債		170,000
貸付回収金		2,848,169
	普通貸付回収金	2,609,000
	生活衛生資金貸付回収金	86,300
	恩給担保貸付回収金	1,000
	記名国債担保貸付回収金	69
	教育資金貸付回収金	151,800
事業益金		202,495
一般会計より受入		19,868
雑収入		1,878

支出		
合計		5,102,820
貸付金		2,766,000
	普通貸付	2,470,000
	生活衛生資金貸付	115,000
	恩給担保貸付	900
	記名国債担保貸付	100
	教育資金貸付	180,000
財政融資資金借入金償還		2,014,101
社債償還金		65,000
固定資産取得費		18,955
事業損金		134,469
その他支出		1,918
予備費		1,447
期末現金預け金		100,931

コラム19　コロナ禍における中小企業への融資

日本政策金融公庫や商工組合中央金庫などの政府系金融機関は、新型コロナウイルス対策融資として、実質無利子・無担保融資（いわゆるゼロゼロ融資）を行った。ゼロゼロ融資は、中小企業の資金繰りを支えるために２０２０年３月から開始され、公庫と商工中金による融資の利用件数は、２０２２年度末時点で約１２０万件にのぼる。

ゼロゼロ融資はコロナ禍で中小企業の資金繰りを支えた一方で、スピードを重視した結果、すでに経営が行き詰まっていた企業に対して融資を行ったケースもあった。会計検査院の調査によると、ゼロゼロ融資などによるリスク管理債権は、２０２２年度末に８７８５億円と全体の６％を占めている。公庫と商工中金の２０２２年度末までの貸付実績は19兆４３６５億円で、そのうち５兆５８２億円が返済され、残高は14兆３０８５億円であった。２０２０年度から２０２２年度末までに回収不能額として償却した債権は、６９７億円である。

ゼロゼロ融資の返済は２０２３年７月から本格化し、２０２４年４月に最後のピークを迎えるとされていた。日本政府は、ゼロゼロ融資の返済により事業の継

新型コロナ特別貸付等にかかる償却金額（回収不能額）の推移（単位：億円）

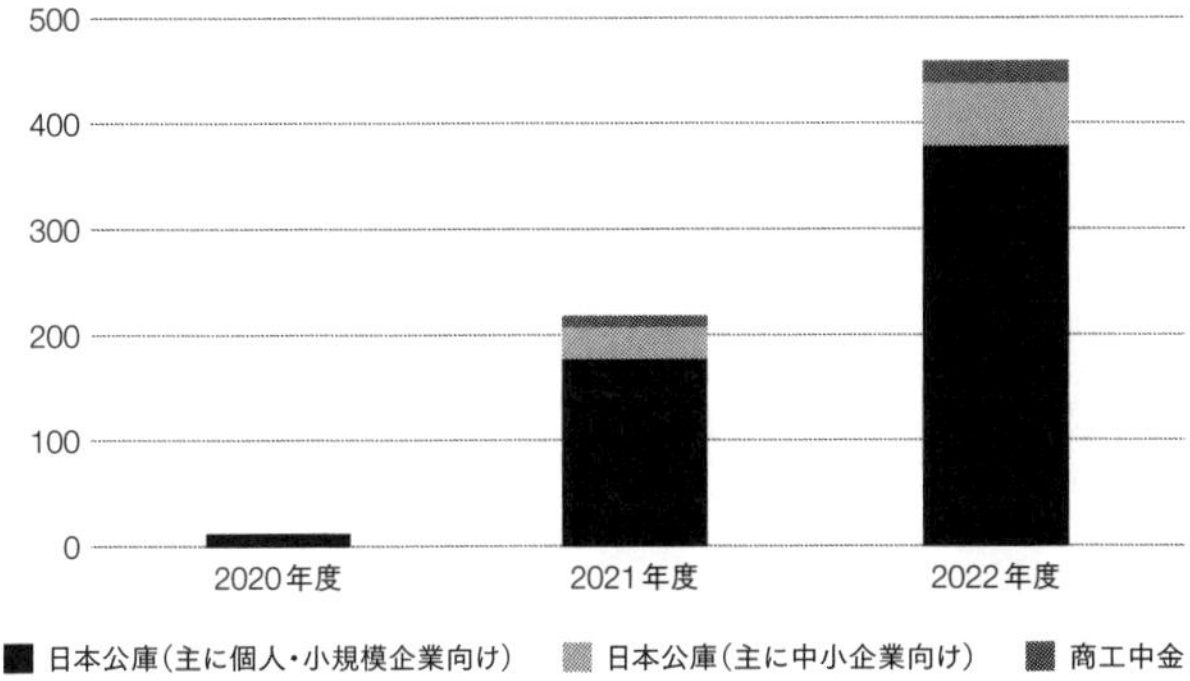

会計検査院資料より作成

続が危ぶまれる中小企業を支援するため、２０２４年３月末までとなっていた資金繰り支援を２０２４年６月末まで延長した。その後２０２４年７月以降は、支援の水準をコロナ前に戻しつつ、経営改善・再生支援に重点を置いている。

　コロナ禍のような緊急時には、資金繰りに余裕のない個人事業主や中小企業を迅速に支援することが重要である。他方で、スピードを重視した融資は、結果として不正な融資や審査の甘い融資となってしまう場合もある。緊急で融資を行う事態が発生した際の審査方法や緊急の融資を受けた企業の将来的な支援について、平時から対応を検討する必要がある。

（3）今後の課題

大規模自然災害や経済危機により、急激に与信関係費用が増加し、公庫の財政状況が悪化するリスクがある。セーフティ機能を発揮しつつも、適切な債権管理が求められる。

3 株式会社国際協力銀行（JBIC）
——日本企業の海外事業のための政府系金融機関

日本政府が全株式を保有する政策金融機関として、海外での日本企業の事業展開や国際協力の実現に向けた活動を進めている。主な業務としては、輸出入金融、投資金融、事業開発等金融、出資や保証を行っている。特に、①石油・天然ガス・金属鉱物といった日本にとって重要な資源の海外における開発および取得の促進、②日本企業による機械や設備、船舶の輸出支援や海外でのインフラ事業参画への支援といった日本の産業の国際競争力の維持および向上、③地球温暖化防止などの地球環境の保全を目的とする海外における事業の促進、④国際金融秩序の混乱の防止またはその被害への対処という、4つの分野で金融

[**図表4-4**]JBICの資金の流れ

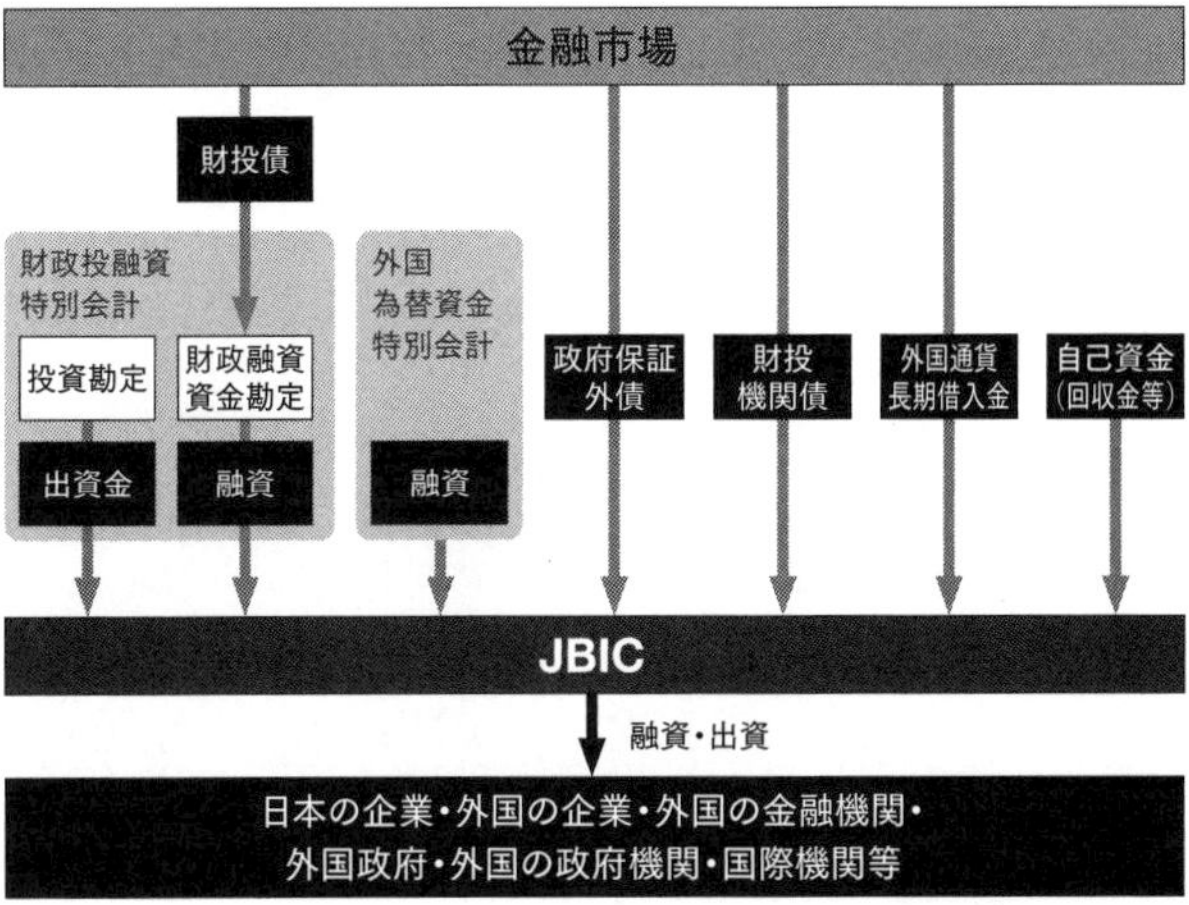

株式会社国際協力銀行「JBIC PROFILE 国際協力銀行の役割と機能」より

業務に取り組んでいる。

国際協力銀行は、一般の金融機関が行う金融の補完（「民業補完」）を趣旨としており、原則として民間金融機関と一緒に融資を行っている。資金調達には、財政投融資特別会計や外国為替資金特別会計からの資金、政府の元利保証のもとで発行する外貨建ての政府保証外債や政府の保証なしに個別の機関が発行する財投機関債による資金を利用している。

（1）組織の沿革

国際協力銀行は、１９５０年に設立された日本輸出銀行を始まりとしている。１９９９年には、日本輸出入銀行と海外経済協力基金のすべての事業を承継し、国際協力銀行が設立された。その後、2008年に株式会社日本政策金融公庫に統合され、国際協力銀行業務を行っていた。2012年には国際協力銀行業務が日本政策金融公庫から分離され、新たに株式会社国際協力銀行が発足した。

(2) 収入と支出

2024年度資金計画と収入支出予定額科目別表を順に見ていく。後者の収入支出予定額科目別表では、前者の資金計画から収入と支出の項目を取り出して、詳細な金額を説明している。

資金計画によると、収入および支出は約8兆円の規模である。主な収入の項目として、貸付回収金2兆円、社債1・5兆円が計上されている。主な支出の項目としては、貸付金2・7兆円、事業損金1・7兆円となっている。

収入支出予定額科目別表によると、収入は約1・8兆円、支出は約1・7兆円である。収入のうち75%は貸付金利息が占めており、支出のうち98%は支払利息に充てられている。

(3) 今後の課題

国際協力銀行の今後の課題としては、民間金融機関との役割分担の明確化や環境問題へ

[**図表4-5**]2024年度資金計画の収入・支出

2024年度資金計画　単位：10億円

収入	
合計	7,942
前期末現金預け金	2,143
産業投資出資金	116
外国通貨長期借入金	40
財政融資資金借入金	400
社債	1,459
貸付回収金	2,015
事業益金	1,339
雑収入	421
その他収入	8

支出	
合計	7,942
貸付金	2,680
出資金	180
外国為替資金借入金償還	821
財政融資資金借入金償還	110
社債償還金	903
動産不動産取得費	6
事業損金	1,686
国庫納付金	35
その他支出	30
予備費	0.2
期末現金預け金	1,488

収入支出予定額科目別表　単位：10億円

収入		
合計		1,761
事業益金	貸付金利息	1,331
	保証料	8
運用収入		9
雑収入	労働保険料被保険者負担金	0.03
	雑収入	412

支出		
合計		1,687
事業損金		1,686
	役員給	0.2
	職員基本給	4
	職員諸手当	3
	超過勤務手当	1
	休職者給与	0.08
	退職手当	0.7
	諸支出金	1
	旅費	2
	業務諸費	16
	交際費	0.0004
	債権保全費	0.09
	税金	0.3
	業務委託費	3
	支払利息	1,651
	社債発行諸費	4
予備費		0.2

の配慮があげられる。特に、開発途上国政府による環境問題への取り組み支援の拡充や知見を有する国内外の研究機関・国際機関・企業・NGOとの連携強化が求められている。

4 独立行政法人国際協力機構有償資金協力部門
――途上国支援のための機関

国際協力機構（JICA）は、開発途上国の社会・経済の開発を支援するにあたって、日本の二国間援助の中核を担う機関である。日本は食料やエネルギー資源の多くを輸入に頼っており、国際社会の平和と安定が日本にとってもますます重要となっている。また環境破壊や感染症の蔓延《まんえん》といった地球規模の課題には、開発途上国の支援を通して、世界各国と協力して取り組む必要がある。

二国間援助の主な手法としては、技術協力・有償資金協力・無償資金協力の3つの方法がある。有償資金協力部門では、途上国の国づくりに必要な資金を低金利かつ長期返済で貸し付けている。国債の財投債をもとにする財政融資資金借入金、政府の保証なしに個別

[**図表4-6**] 国際協力機構有償資金協力部門の資金の流れ

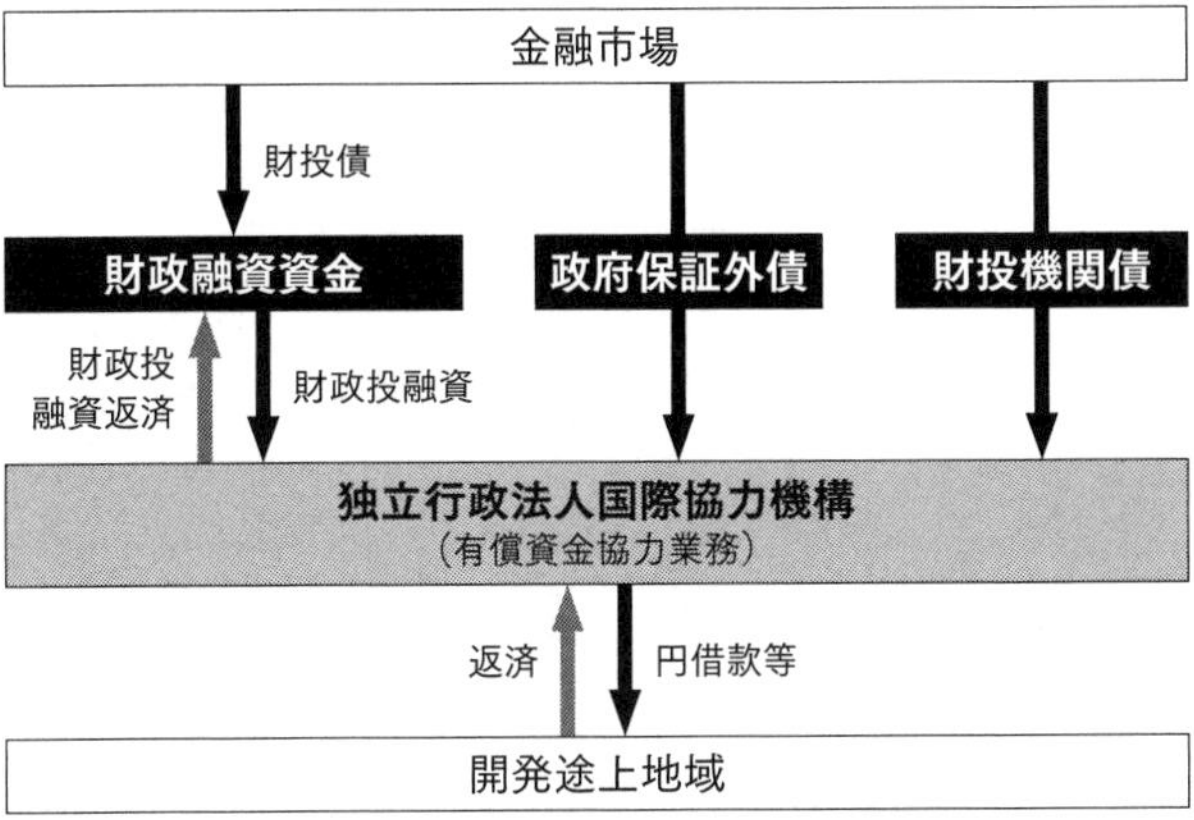

国際協力機構ホームページより

の機関が発行する財投機関債、政府の元利保証のもとで発行する外貨建ての政府保証外債などによって、資金を調達している。

(1)組織の沿革

国際協力機構の始まりは、１９７４年８月に設立された国際協力事業団にさかのぼる。国際協力事業団をもとに、２００３年10月には独立行政法人として、国際協力機構が設立された。その後、２００８年10月に国際協力銀行の海外経済協力業務と外務省の無償資金協力業務の一部が合流し、現在の国際協力機構となった。

(2)収入と支出

２０２４年度資金計画と収入支出予定額科

目別表を順に見ていく。後者の収入支出予定額科目別表では、前者の資金計画から収入と支出の項目を取り出して、詳細な金額を説明している。

資金計画によると、収入および支出は約3・3兆円の規模である。主な収入の項目としては、財政融資資金借入金1・5兆円、貸付回収金7425億円がある。収入のうち一般会計出資金は、財務省の経済協力費（経済協力に必要な費用）から来ている。主な支出の項目では、支出の約7割にあたる2・3兆円が貸付金として計上されている。

収入支出予定額科目別表によると、収入は約1617億円、支出は約1821億円である。収入のうち88％は貸付金利息が占めており、支出のうち65％は支払利息である。

（3）今後の課題

有償資金協力業務の実施にあたっては、信用リスク・市場リスク・流動性リスクなどの金融リスクが存在する。開発途上国の社会・経済の開発を支援しつつ、適切な債権管理を行う必要がある。

[**図表4-7**]2024年度資金計画の収入・支出

2024年度資金計画　単位：10億円

収入	
合計	3,346
前期末現金預け金	402
一般会計出資金	48
民間借入金	263
財政融資資金借入金	1,477
国際協力機構債券	245
貸付回収金	743
事業益金	144
雑収入	18
その他収入	6

支出	
合計	3,346
貸付金	2,275
出資金	5
民間借入金償還	263
財政融資資金借入金償還	150
債券償還金	40
固定資産取得費	1
事業損金	182
その他支出	25
予備費	0.1
期末現金預け金	404

収入支出予定額科目別表　単位：10億円

収入		
合計		162
事業益金	貸付金利息	142
	配当金収入	1
運用収入		1
雑収入	労働保険料被保険者負担金	0.02
	雑収入	17

支出		
合計		182
事業損金		182
	役員給	0.05
	職員基本給	2
	職員諸手当	2
	超過勤務手当	0.2
	休職者給与	0.09
	退職手当	0.4
	諸支出金	1
	旅費	1
	業務諸費	19
	交際費	0.0007
	税金	0.1
	業務委託費	35
	支払利息	119
	債券発行諸費	1
予備費		0.1

第5部

独立行政法人

独立行政法人は、公共の利益実現のための「行政機関に準ずる機関」として位置付けられているが、予算について国会の議決を受ける必要はない。ただし自主財源のほか、所管省庁から運営交付金などの補助金を受けており、その所管省庁の予算は国会の議決を受けている。ここでは、87機関ある独立行政法人（2024年4月1日時点）のうちの一例として、国立研究開発法人 新エネルギー・産業技術総合開発機構（NEDO）を取り上げる。

1 国立研究開発法人 新エネルギー・産業技術総合開発機構（NEDO）

NEDOは、もともとは石油代替エネルギーの研究開発や利用促進を目的として、1980年に設立された新エネルギー総合開発機構を前身とする。1988年に産業技術の研究開発が業務に追加され、現在の業務範囲となった。その後、2003年に独立行政法人に、2015年に国立研究開発法人となり現在に至っている。

現在の対象技術分野としては、再生可能エネルギー技術などのエネルギーシステム分野、省エネルギーや二酸化炭素回収などの省エネルギー・環境分野、ロボット・AI技術や各種ものづくり技術などの産業技術分野、研究開発型スタートアップの育成などの新産業創出・シーズ発掘（活用しきれていない技術、特許を有効利用する方法の検討）などの分野に分かれている。

(1)予算の特徴

ＮＥＤＯの予算額は２０２４（令和６）年度当初予算では１８２８億円である。ただし別途国から交付された補助金などを原資とした基金が設置されている。基金は、単年度の予算計上が難しい事業のために国が積み立てている資金であり、ＮＥＤＯなどの組織がほかの財産と分けて管理している。複数年度で事業を進められる利点はあるが、使い道の不透明性などのデメリットが指摘されている。

(2)基金の執行

基金は国（経済産業省）により設置されているが、執行（実際の基金の使用）にあたっての国の関与は様々である。たとえば「特定半導体の生産施設整備等の助成業務」は、半導体事業者が半導体工場などを整備する際に、その一部を国が助成するものである。この例では、事業者は、計画を事前に経済産業省に提出する必要があり、経済産業省が認定した

［**図表 5-1**］2024 年度当初予算、および基金等（複数年度）

主な技術分野	技術内容	予算
エネルギー システム分野	系統対策技術 蓄電池等のエネルギー貯蔵技術 水素の製造から貯蔵・輸送利用に関する技術 再生可能エネルギー技術　等	525 億円
省エネルギー・ 環境分野	革新的な省エネルギー技術 環境調和型プロセス技術 高効率石炭火力発電技術開発 二酸化炭素分離・回収・有効利用・貯留技術 フロン対策技術 資源選別・金属精錬技術等の3R技術 国際実証、JCM　等	365 億円
産業技術分野	ロボット・AI技術 IoT/電子・情報技術 ものづくり技術 材料・ナノテクノロジー バイオエコノミー　等	316 億円
新産業創出・ シーズ発掘等分野	研究開発型スタートアップの育成 オープンイノベーションの推進　等	543 億円
合計	＊上記以外の小規模な事業含む	1,828 億円

基金等	金額
ムーンショット型研究開発事業	501億円
ポスト5G情報通信システム基盤強化研究開発事業	1兆4,723億円
グリーンイノベーション基金事業	2兆7,564億円
経済安全保障重要技術育成プログラム	2,500億円
バイオものづくり革命推進事業	3,000億円
ディープテック・スタートアップ支援事業	1,000億円
特定半導体の生産施設整備等の助成業務	1兆6,992億円
安定供給確保支援基金事業	1兆9,405億円

NEDOホームページより

［図表5-2］特定半導体の生産施設整備等の助成業務の流れ

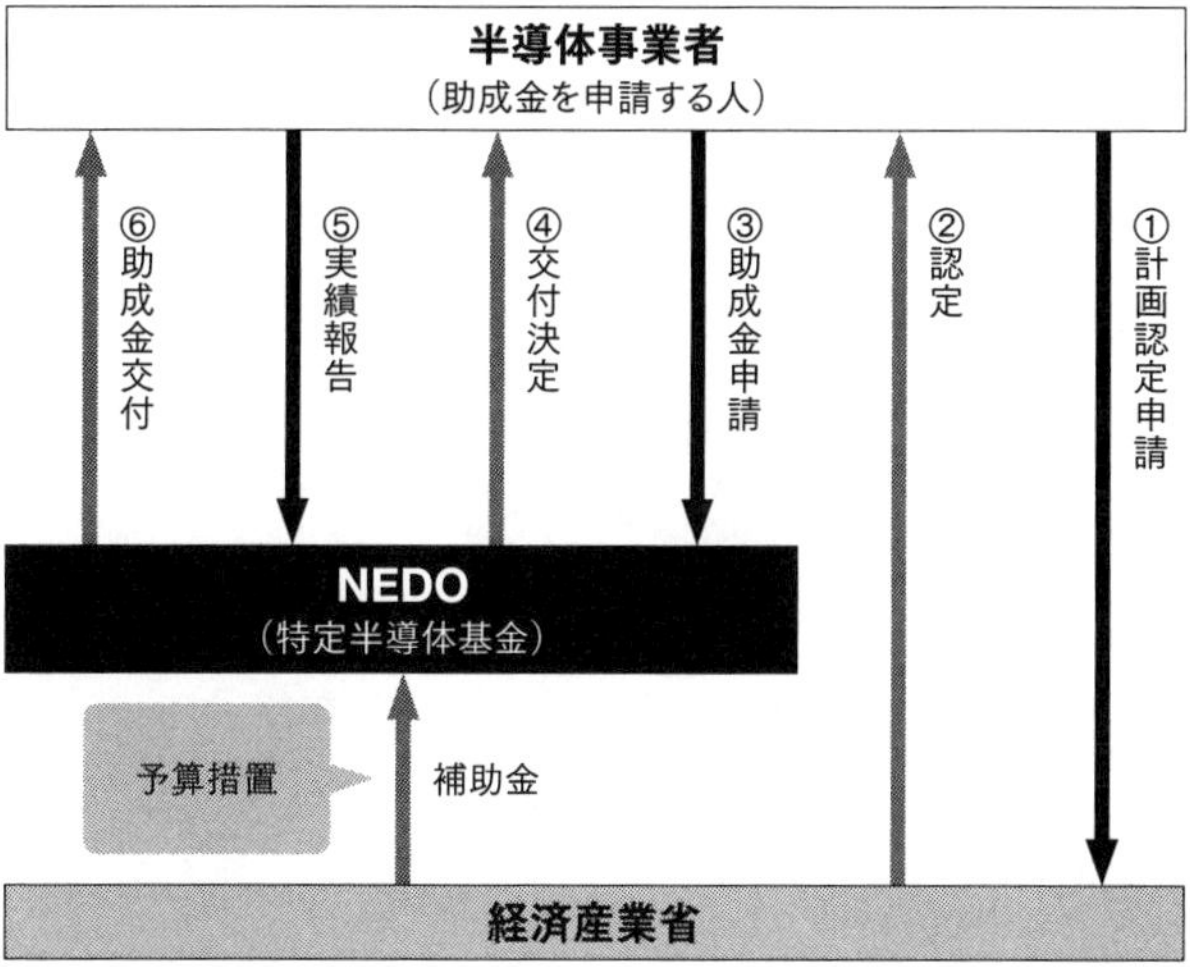

NEDOホームページより

ものに限ってNEDOに助成金を申請することが可能となっている。

認定の第一号は半導体製造企業であるTSMC[*1]の熊本第一工場であり、最大で4760億円が助成される。

＊1……台湾セミコンダクターマニュファクチャリングカンパニーリミテッド

執筆分担者

大野泰資（おおの たいし）

三菱UFJリサーチ&コンサルティング 上席主任研究員

京都大学大学院経済学研究科修士課程修了。

本書執筆代表。専門は財政、政策評価。

担当:第1部、第2部7,12,13、第3部5,12、コラム3,7,11,12,14,17,18

片山泰輔（かたやま たいすけ）

青山学院大学 総合文化政策学部 教授

慶應義塾大学経済学部卒、東京大学大学院経済学研究科博士後期課程単位取得満期退学。三和総合研究所主任研究員等を経て現職。

専門は財政・公共経済、文化政策。

担当:巻頭言

馬場康郎（ばんば やすお）

三菱UFJリサーチ&コンサルティング 主任研究員

京都大学法学部卒業。

中央省庁、コンサルティングファームを経て現職。

専門は財政・税制・社会保障等。

担当:第2部6,8、第3部2,4,13、第5部、コラム6,9,10

中村圭（なかむら けい）

三菱UFJリサーチ&コンサルティング 副主任研究員

大阪大学大学院国際公共政策研究科修士課程修了。

専門は政策評価、EBPM、自治体経営等。

担当:第2部9,11、第3部9,10、コラム16

池田貴昭（いけだ たかあき）

戸田市 教育委員会事務局 教育政策室主幹

東京大学大学院経済学研究科修士課程修了。

三菱UFJリサーチ&コンサルティング 研究員を経て現職。

専門は公共経済、EBPM、教育データの利活用。

担当:第2部2,3、第3部3,11、コラム1,2,4

平安乃（たいら あんの）

三菱UFJリサーチ&コンサルティング 研究員

九州大学大学院経済学府経済工学専攻修了。

専門は社会保障、教育経済学、政策評価等。

担当:第2部1,4、第3部7,8、コラム13,15

大谷知弘（おおや ともひろ）

三菱UFJリサーチ&コンサルティング 研究員

大阪大学大学院国際公共政策研究科修士課程修了。

専門は政策評価、EBPM、産業組織論等。

担当:第2部5,10、第3部1,6、コラム5,8

山口由美子（やまぐち ゆみこ）

三菱UFJリサーチ&コンサルティング 研究員

東京大学大学院公共政策学教育部 専門職学位課程修了。

専門は税制、社会保障、ヨーロッパ法等。

担当:第4部、コラム19

河出新書080

日本《にほん》の国家予算《こっかよさん》

260兆円《ちょうえん》の使《つか》いかた

二〇二五年一月二〇日　初版印刷
二〇二五年一月三〇日　初版発行

編者　三菱《みつびし》UFJリサーチ&コンサルティング
発行者　小野寺優
発行所　株式会社河出書房新社
〒一六二-八五四四　東京都新宿区東五軒町二-一三
電話　〇三-三四〇四-一二〇一［営業］／〇三-三四〇四-八六一一［編集］
https://www.kawade.co.jp/
マーク　tupera tupera
装幀　木庭貴信+岩元萌（オクターヴ）
印刷・製本　中央精版印刷株式会社
Printed in Japan　ISBN978-4-309-63182-0
落丁本・乱丁本はお取り替えいたします。

アメリカ

橋爪大三郎 大澤真幸

日本人はアメリカの何たるかをまるで理解していない。二大知性の刺激的な対話によって、アメリカ理解の核心がいま明らかとなる。

001

考える日本史

本郷和人

教科書は退屈だという人へ。東大教授が教える、新しい歴史の愉しみ方。たった漢字一字から歴史の森に分け入る、新感覚・日本史講義。

002

歴史という教養

片山杜秀

歴史に学べと言うが、先行きの見えない時代の中で、それはどういうことなのか。当代屈指の思想史家が説く、歴史センスのみがき方。

003

進化の法則は北極のサメが知っていた

渡辺佑基

地球上の全ての生物の姿かたち、生き方は「体温」が決めていた！　気鋭の生物学者がフィールドワークを通し壮大なメカニズムに迫る。

004

「学校」をつくり直す

苫野一徳

「みんなで同じことを、同じペースで、同じようなやり方で」のまま続いてきた学校への絶望を、希望へと変える方法を提言する。

005

河出新書

鎌倉殿と13人の合議制

本郷和人

源頼朝亡き後、頼家の代に導入された「13人の合議制」とは何だったのか。鎌倉幕府の本質と北条時代への移行期の真相に迫る。

045

読書とは何か
知を捕らえる15の技術

三中信宏

読書とはつねに部分から全体への推論だ——巷の「読書効率主義」に反旗を翻し、博覧強記の進化生物学者が授ける前代未聞の読書術！

046

人間らしさとは何か
生きる意味をさぐる人類学講義

海部陽介

人間とは何か？ 注目の人類進化学者が最新の知見をもとに、ホモ・サピエンスの誕生史を辿り、人類の多様さとその特性の意味を探っていく。

047

この国の戦争
太平洋戦争をどう読むか

奥泉光
加藤陽子

戦争を描いてきた小説家と戦争を研究してきた歴史家が、必読史料に触れ、文芸作品や手記なども読みつつ、改めてあの戦争を考える。

050

ウクライナ現代史

A・グージョン
鳥取絹子［訳］

ロシアの侵攻で甚大な被害を受けたウクライナ。人種・言語・宗教、政治思想や多くの歴史的事件を網羅して特異な国の本質を明かす。

053

河出新書